はじめの べんきょう

1. せんを じょうずに かこう

✪ えんぴつで、せん（- - -）を なぞりましょう。

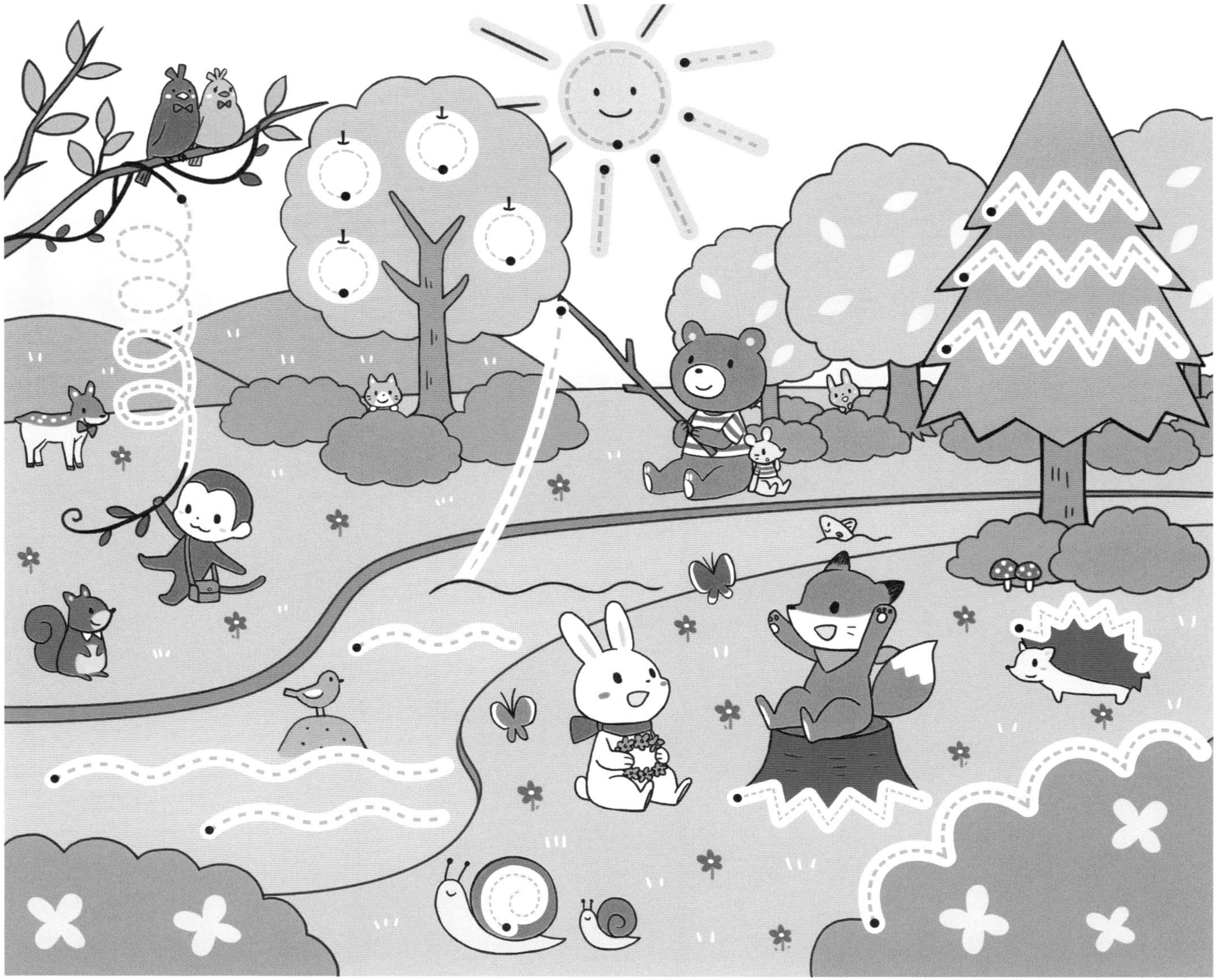

おうちの方へ

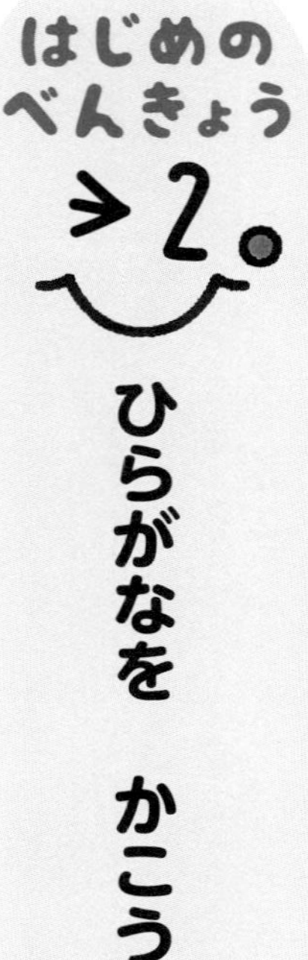

ひらがなを　かこう

おうちの方へ

とめる・はらうといった点にも注意して、正しく字を書きましょう。

がつ　　にち

ひらがなを　かきましょう。

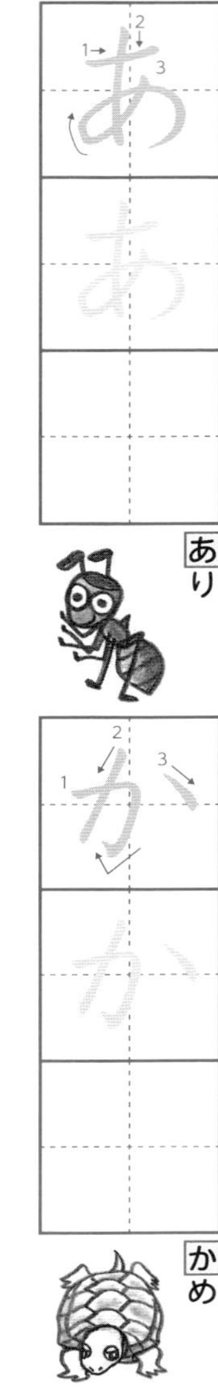

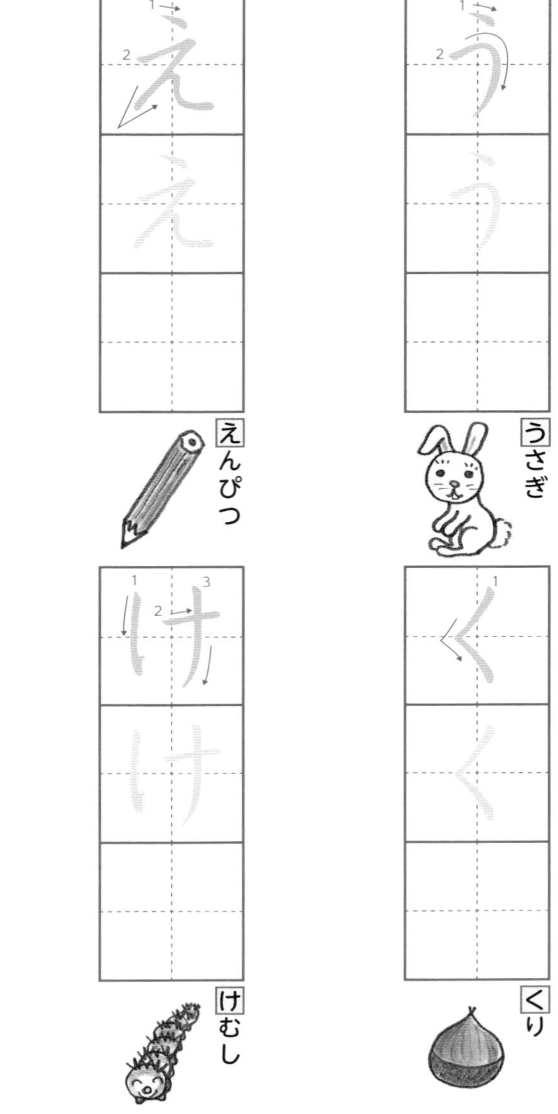

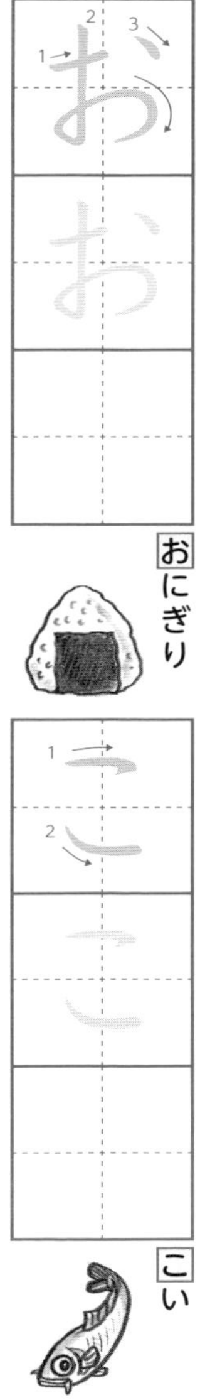

はじめの べんきょう 3 ひらがなを かこう

ひらがなを　かきましょう。

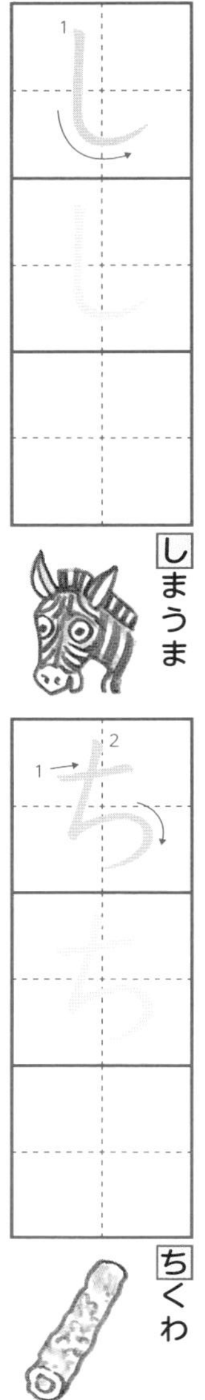

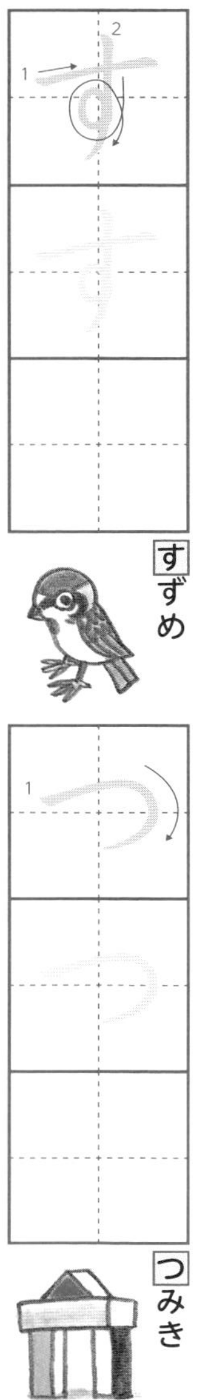

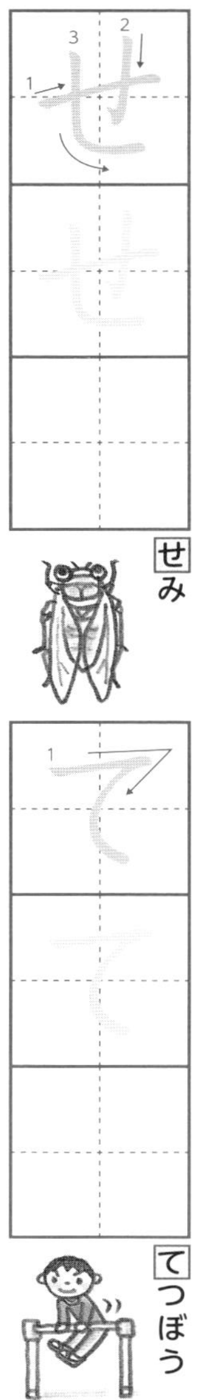

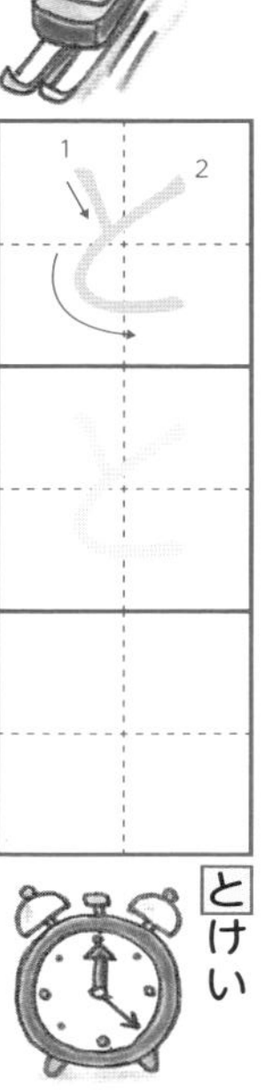

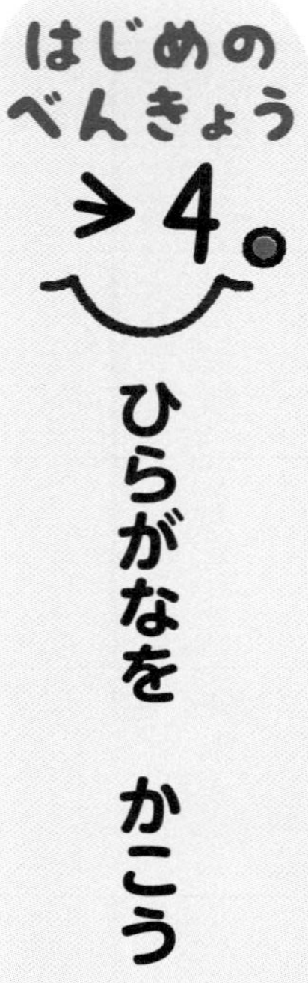

はじめのべんきょう 4。ひらがなを　かこう

がつ　にち

ひらがなを　かきましょう。

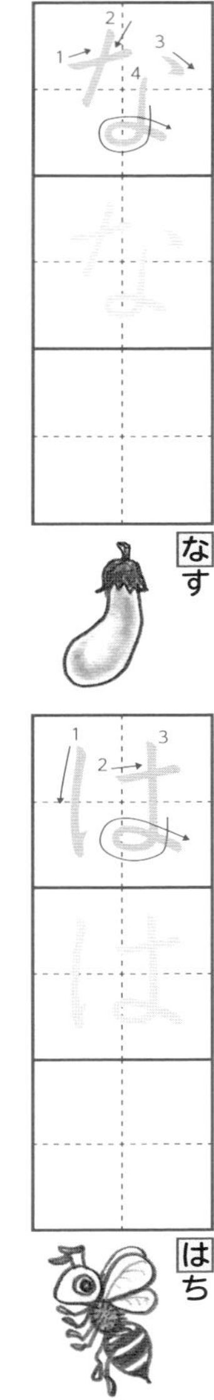
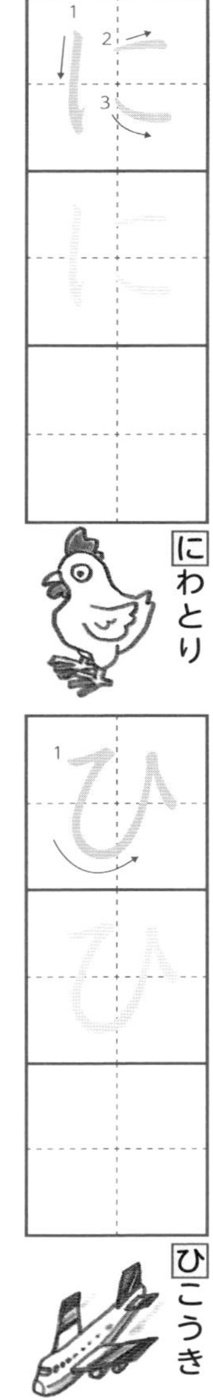

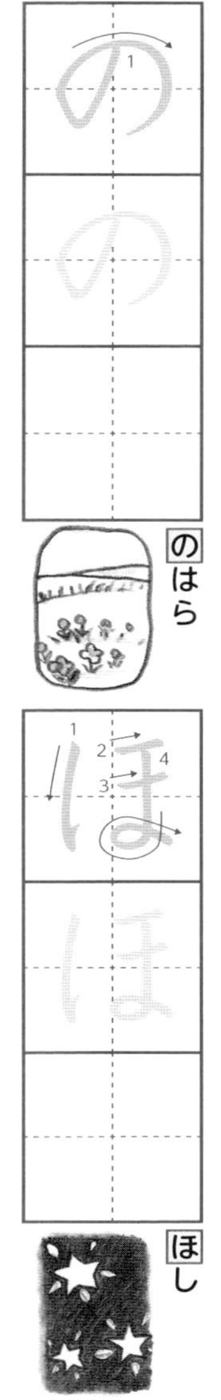

な　なす

は　はち

に　にわとり

ひ　ひこうき

ぬ　ぬりえ

ふ　ふね

ね　ねずみ

へ　へちま

の　のはら

ほ　ほし

はじめの べんきょう 5。

ひらがなを かこう

ひらがなを かきましょう。

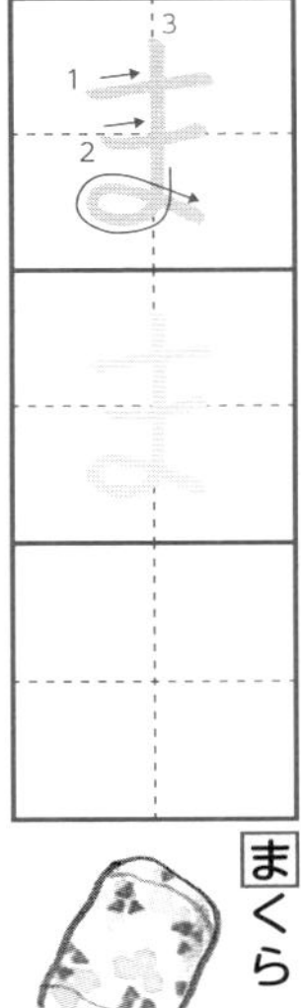
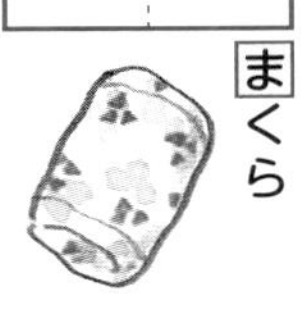

まくら

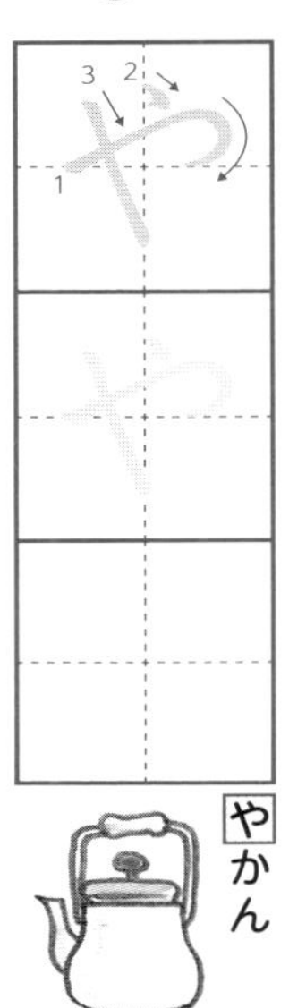

やかん

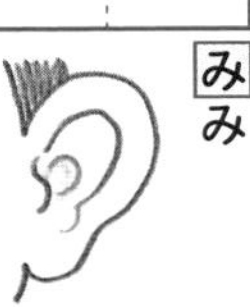

みみ

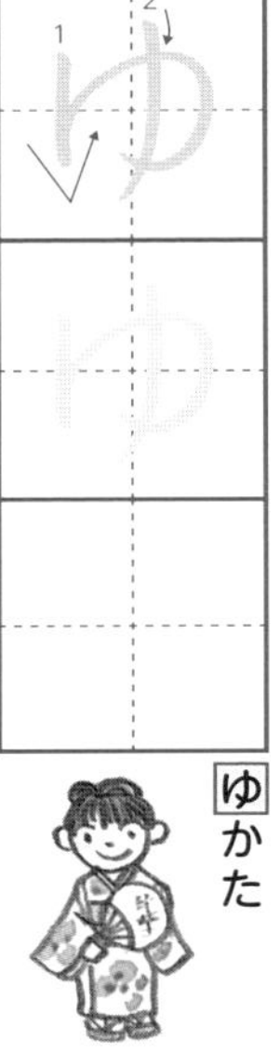

ゆかた

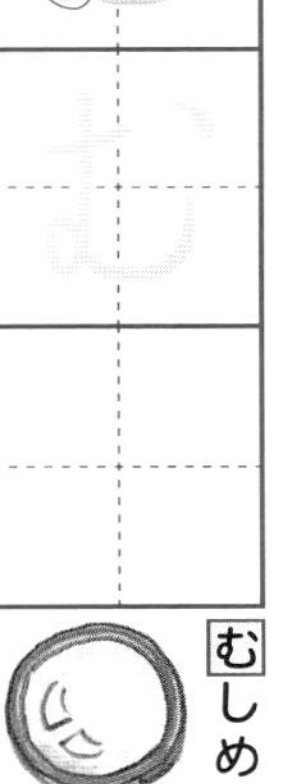

むしめがね

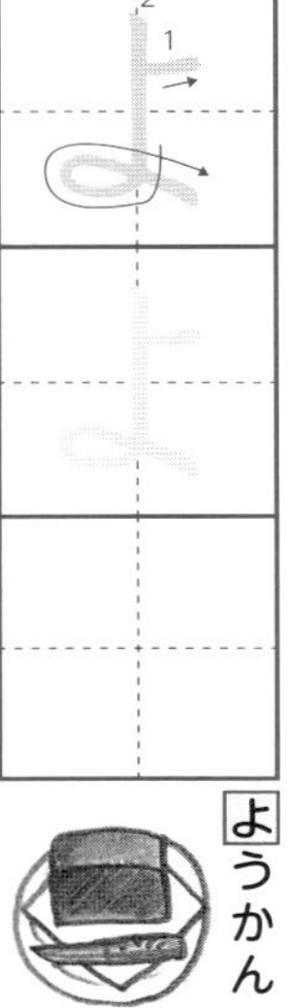

ようかん

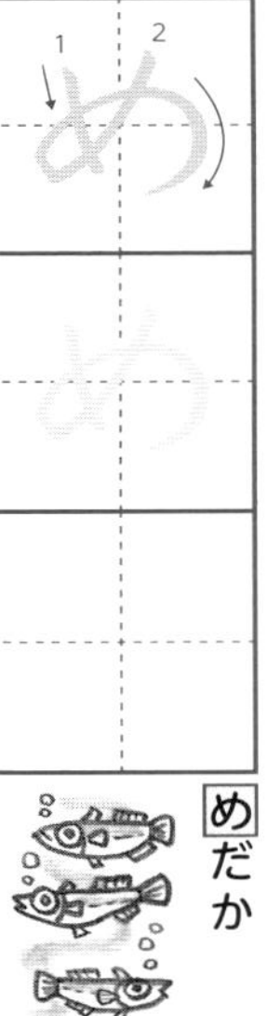

めだか

かきじゅんに きを つけて
ただしく かこうね。

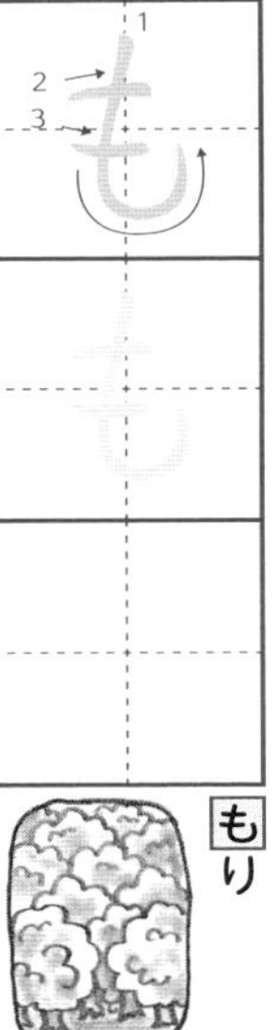

もり

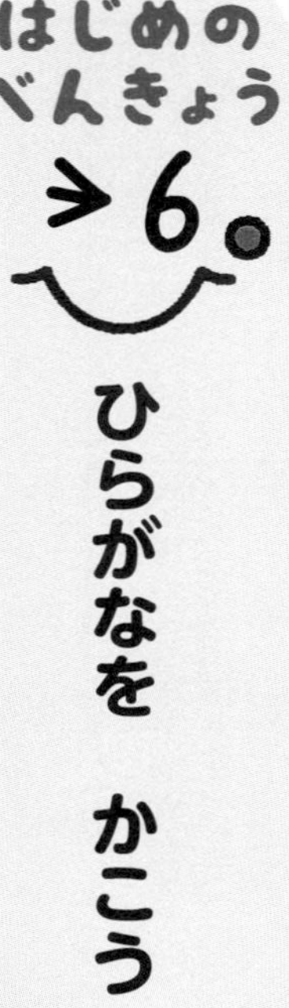

はじめのべんきょう 6. ひらがなを かこう

がつ　　にち

ひらがなを　かきましょう。

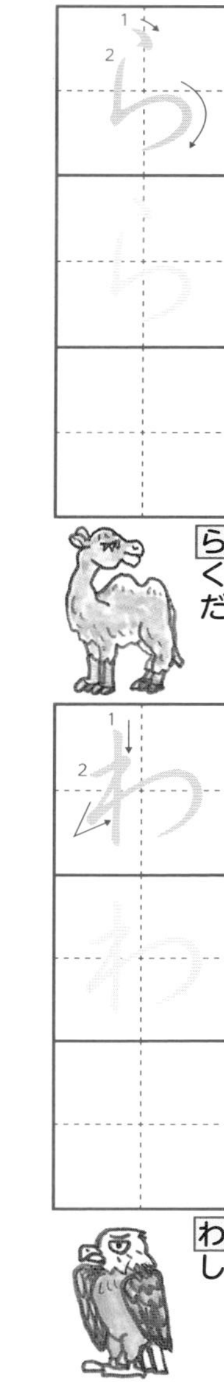

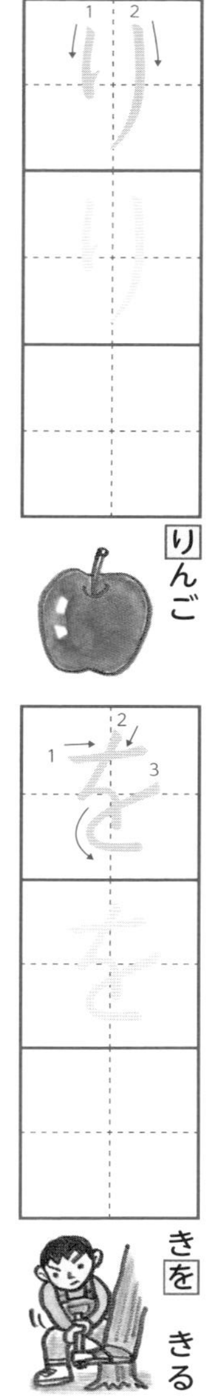

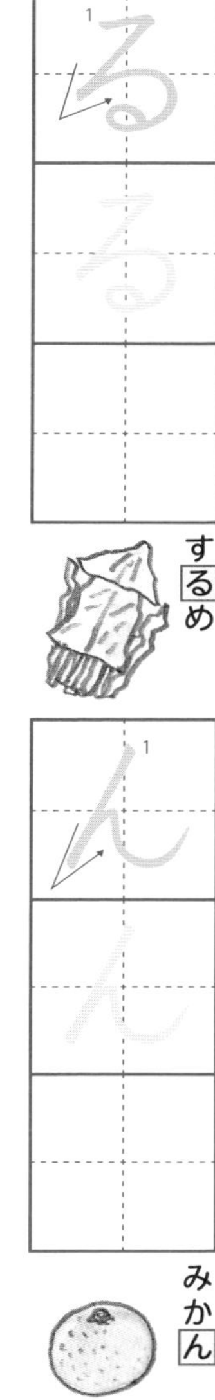

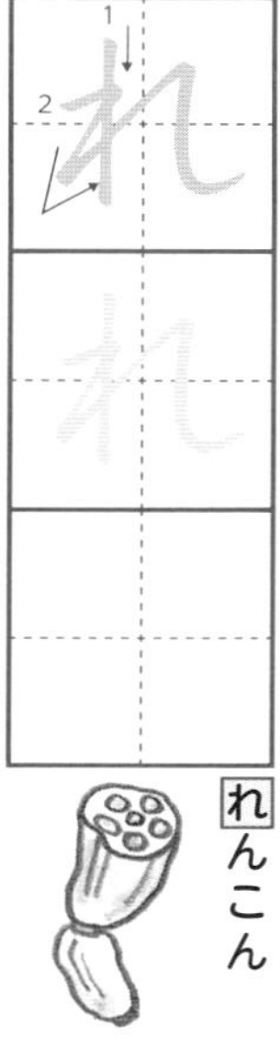

「れ」と　「わ」は
かたちが　にて　いるので
ちゅういしましょう。

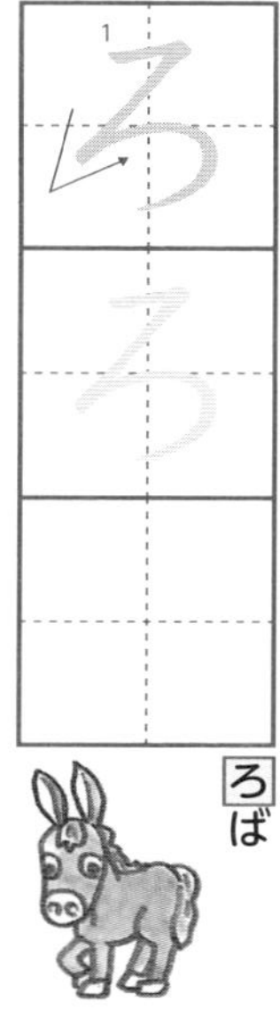

ひらがなを かこう

ひらがなを　かきましょう。

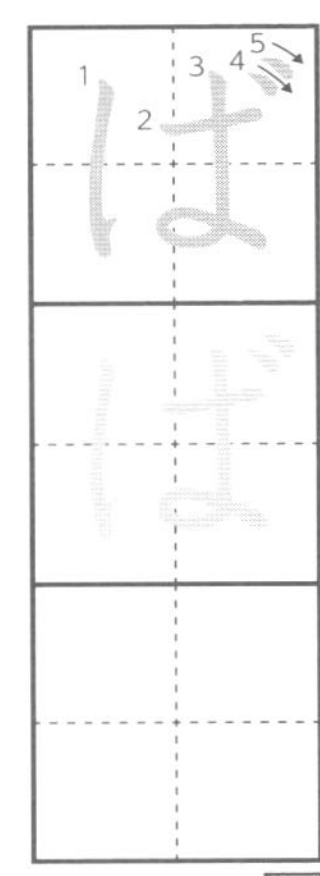

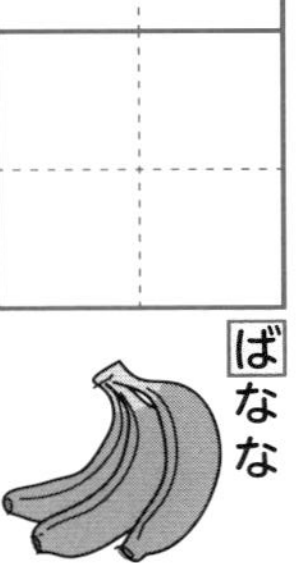
ばなな

とびばこ

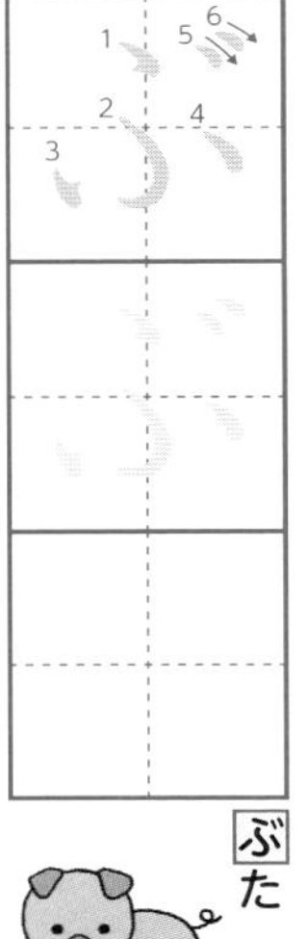

ぶた

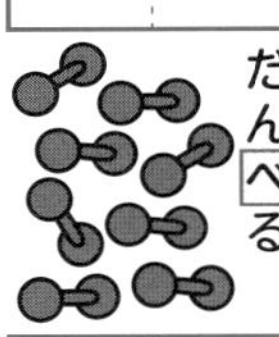
だんべる

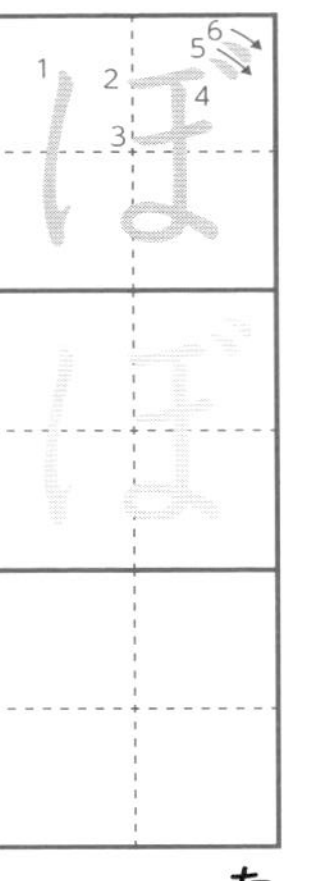

たんぼ

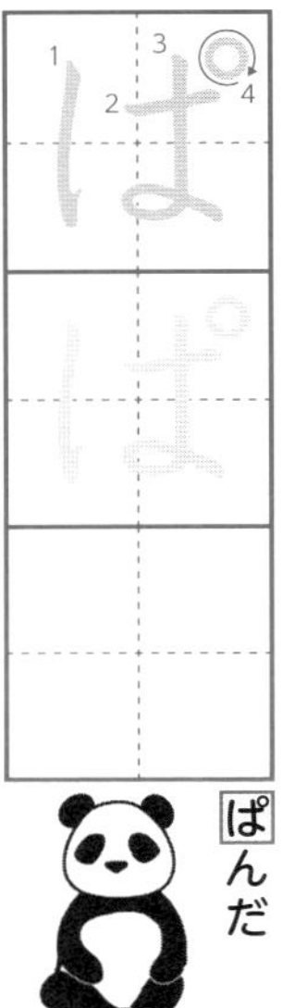

ぱんだ

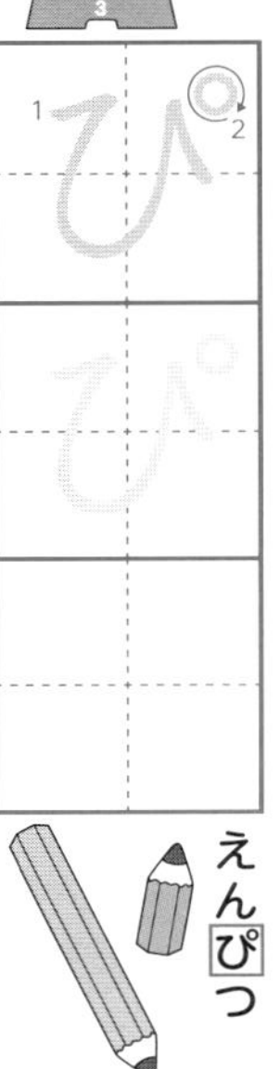

えんぴつ

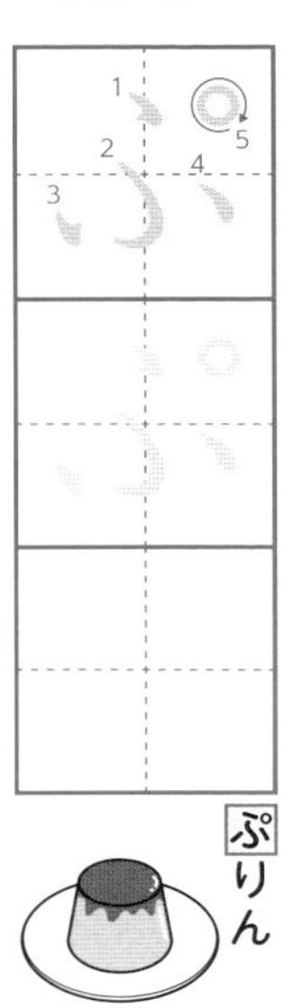

ぷりん

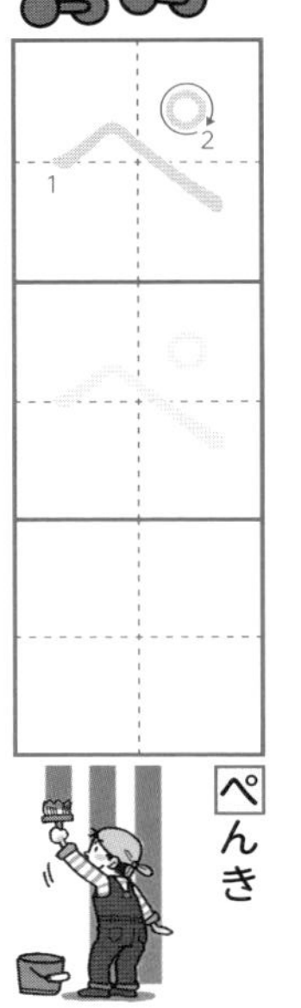
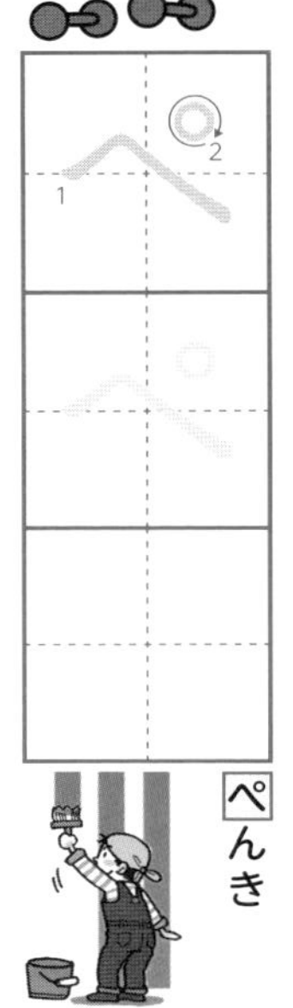

ぺんき

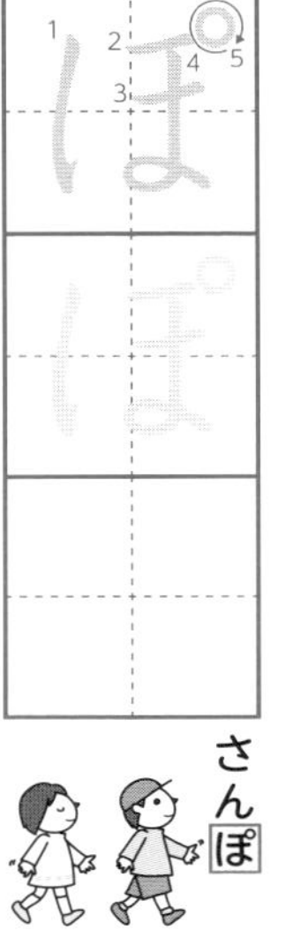

さんぽ

はじめの べんきょう 8。

ひらがなを　かこう

がつ　　にち

ひらがなを　かきましょう。

ちいさく　かく　じ

ゃ　ゅ　ょ

き[ゃ]べつ

き[ゅ]うけい

き[ょ]うりゅう

っ

き[っ]ぷ

か[っ]ぱ

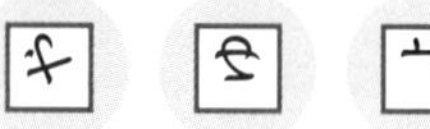

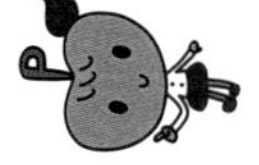

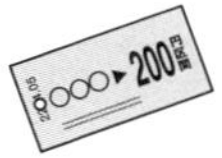

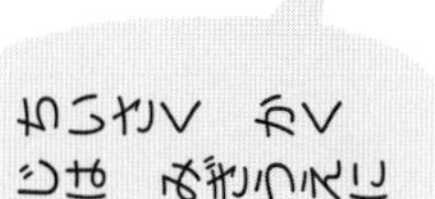

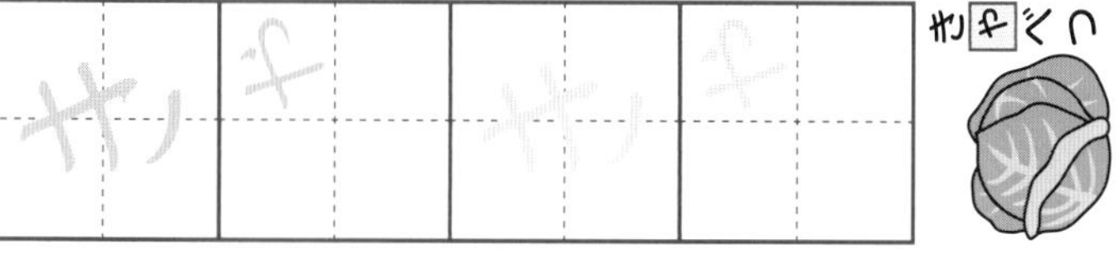

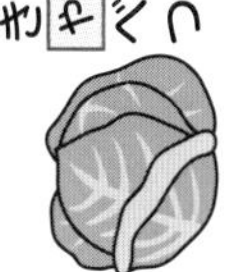

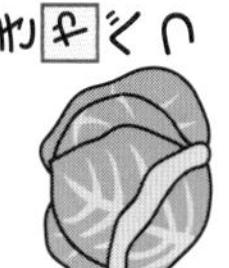

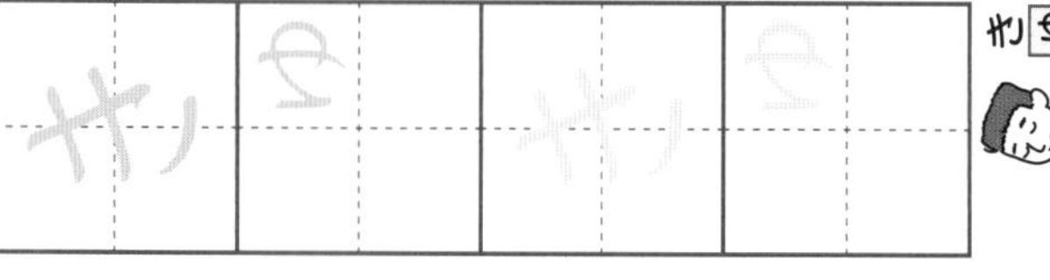

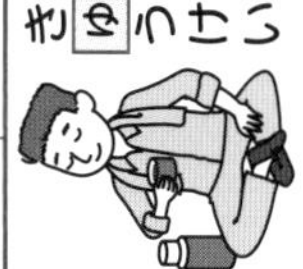

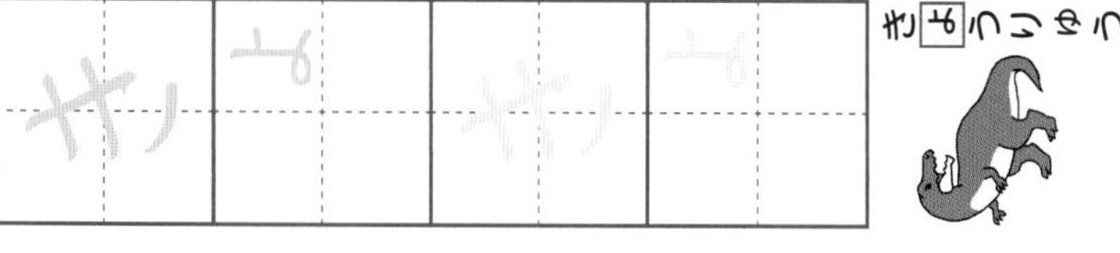

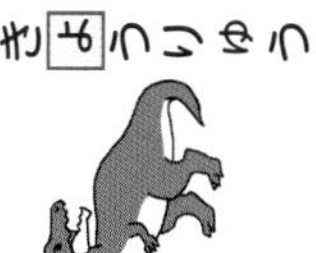

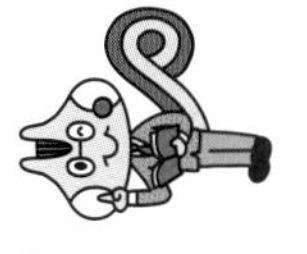

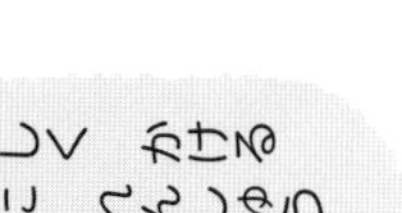

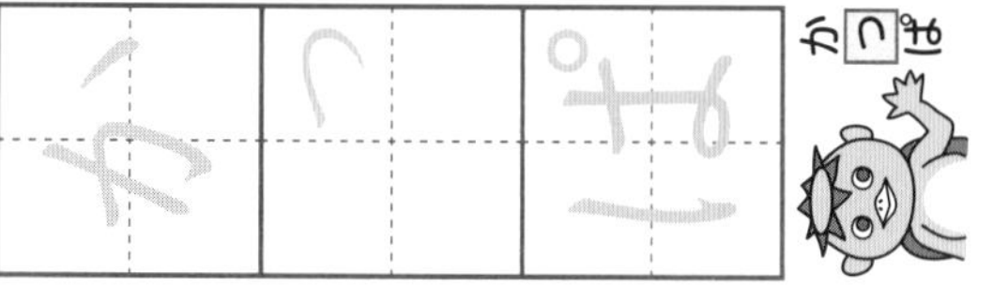

なつやすみのホームテスト

9. ひらがなの れんしゅう

じかん 20ぷん
ごうかく80てん
/100
サクッと こたえ あわせ
こたえ 85ページ
月　日

1 なんの えですか。えの なまえを かきましょう。60てん(ひとつ5)

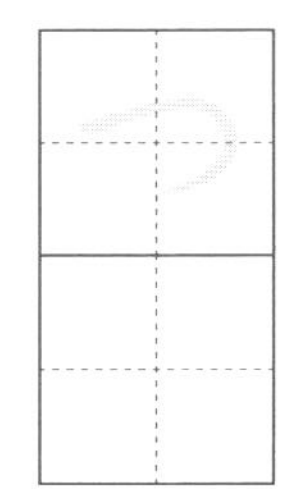

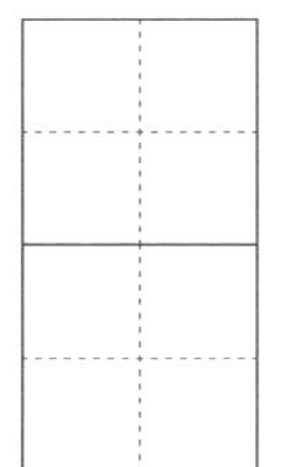
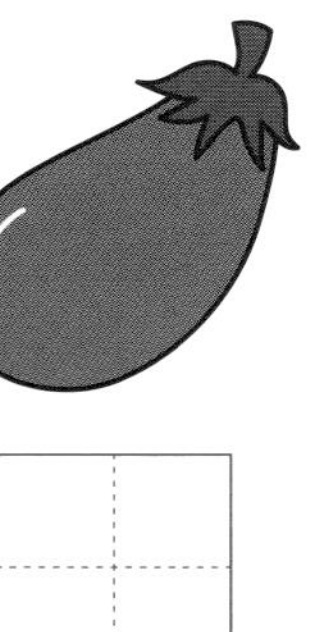
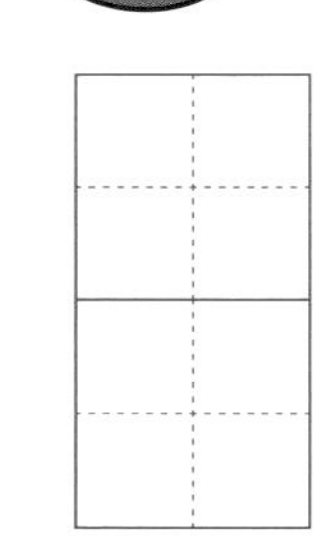
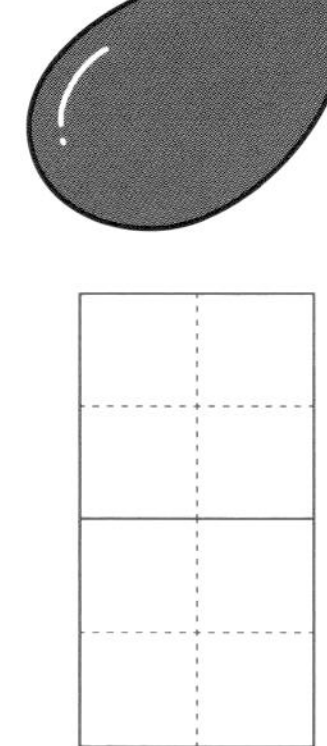

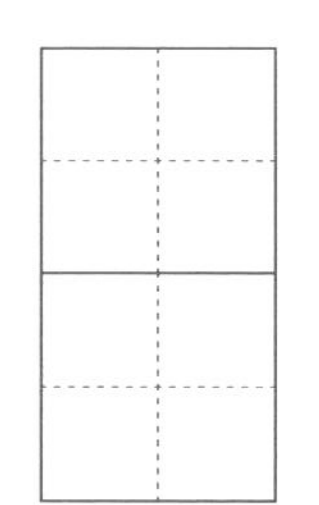
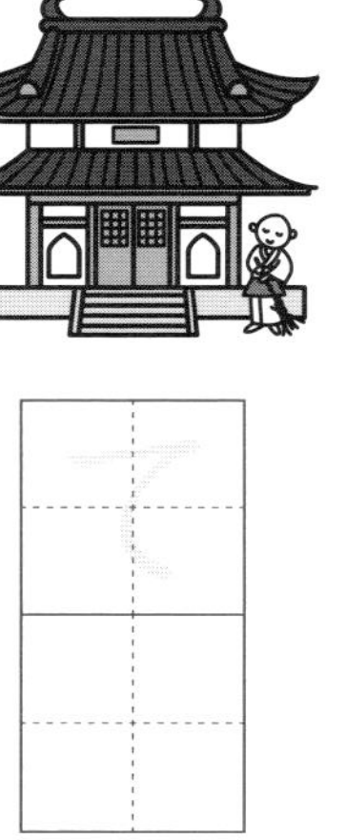
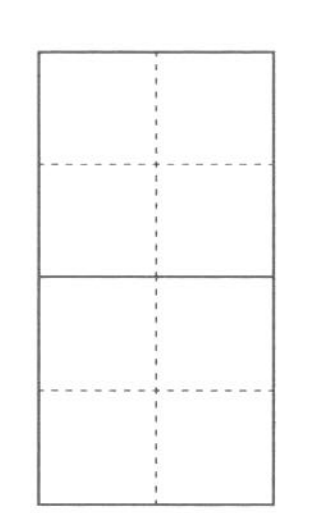
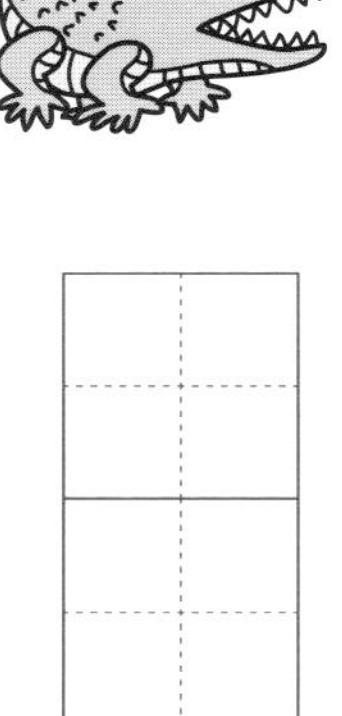
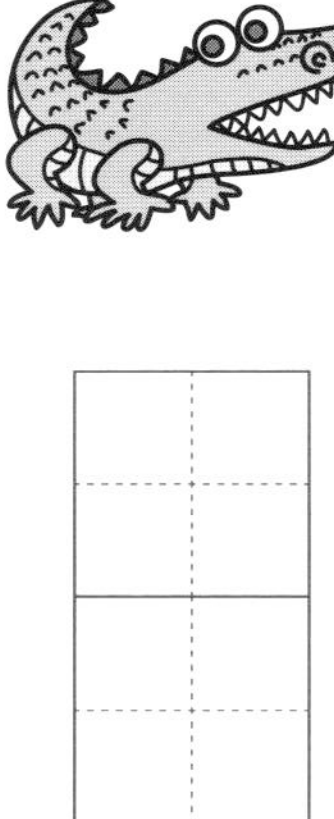
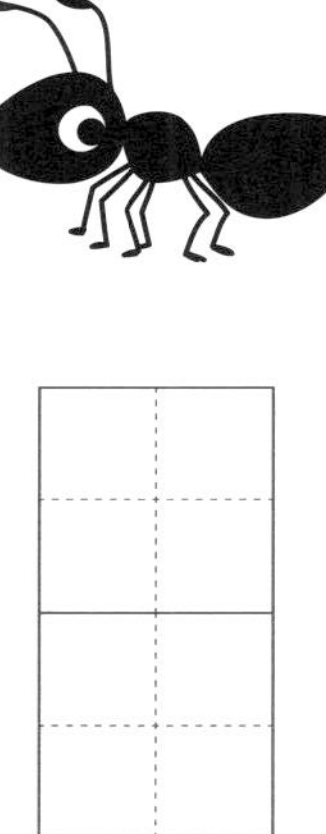

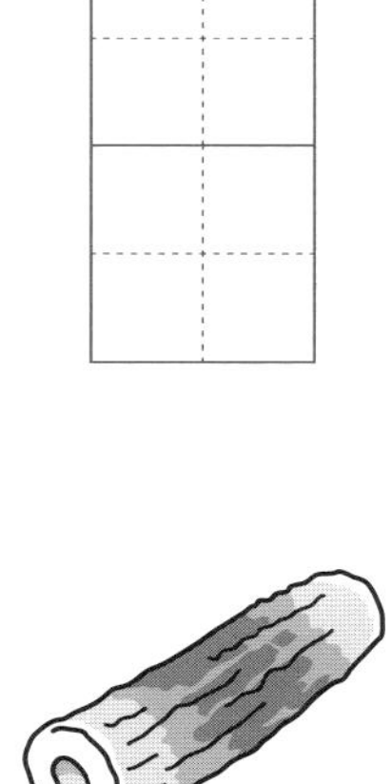

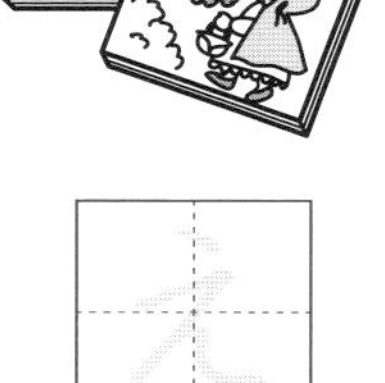
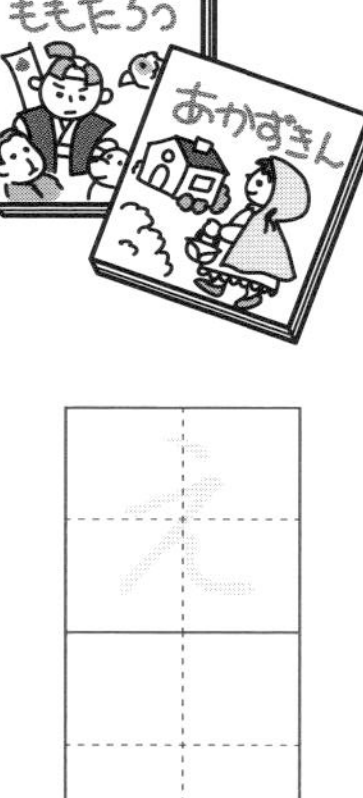

うらの ページに つづくよ!

2 えに あう ことばを □□ に かいて、しりとりを しましょう。

40てん(ひとつ4)

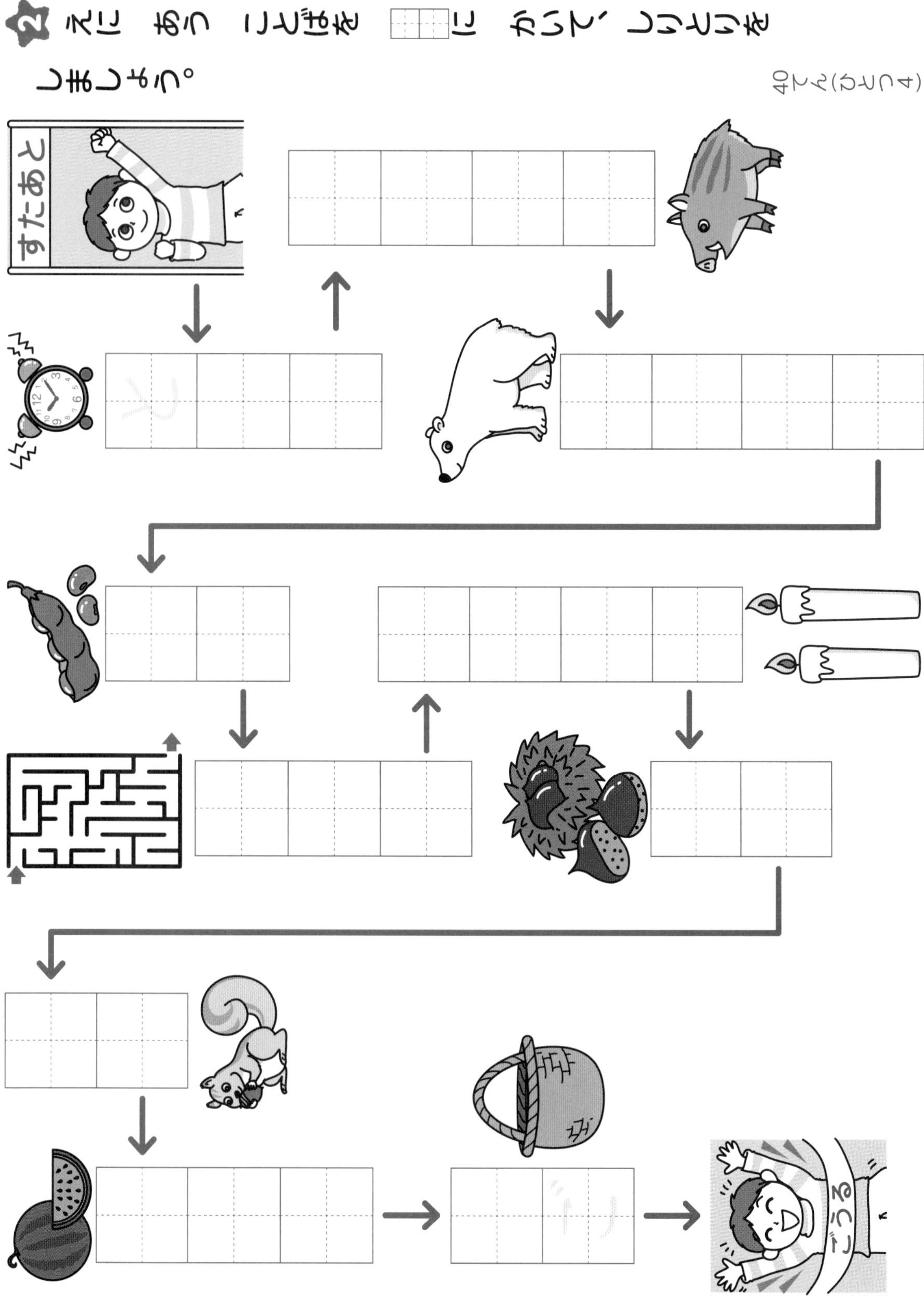

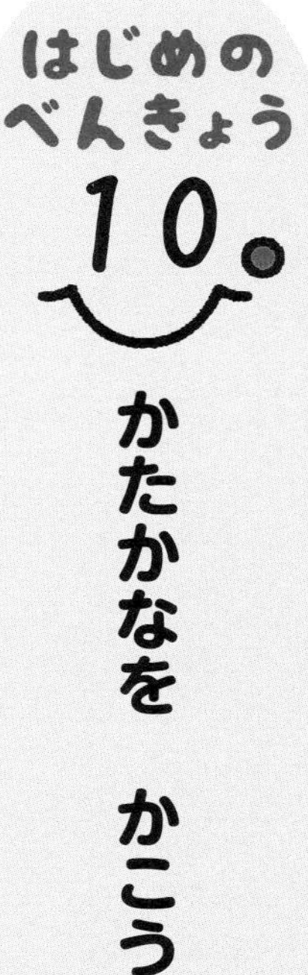

かたかなを　かこう

おうちの方へ

ひらがなとの違いに気をつけながら、丁寧に書きましょう。

がつ　　にち

かたかなを　かきましょう。

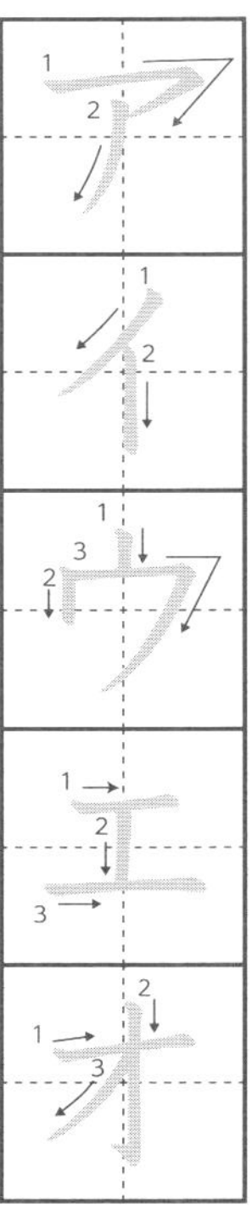

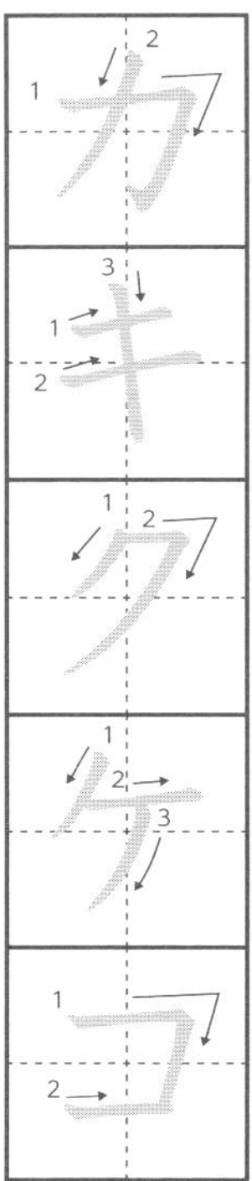

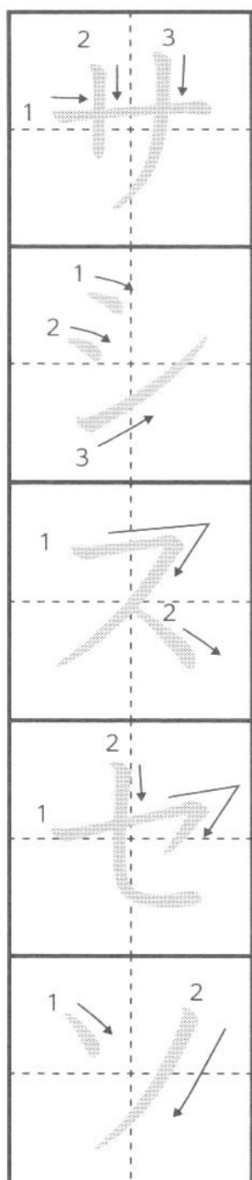

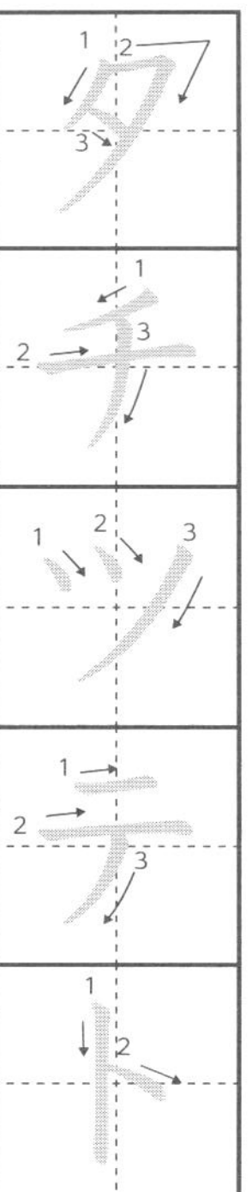

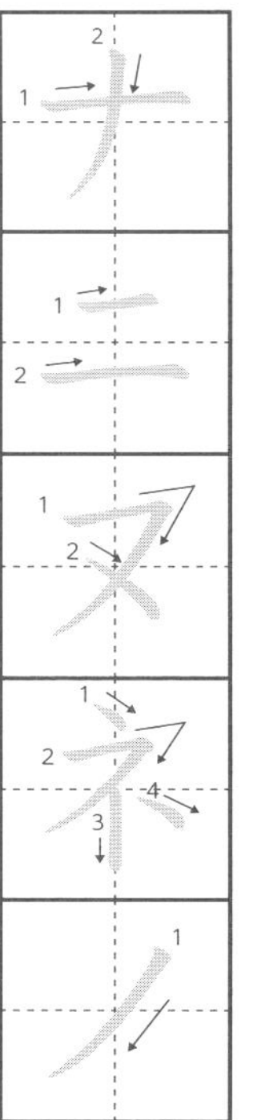

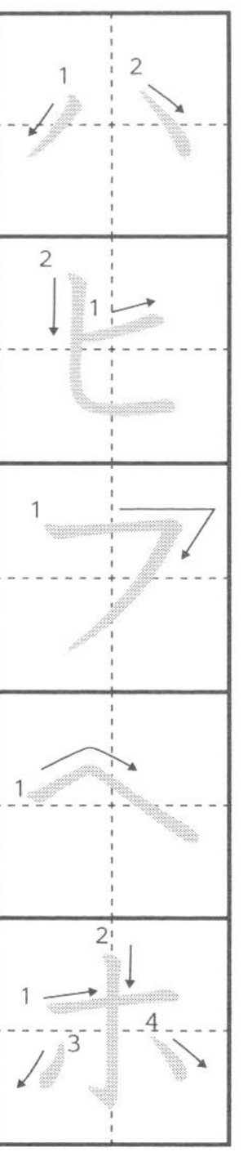

ひとつの　ますの
なかに　ひともじが
はいるよ。

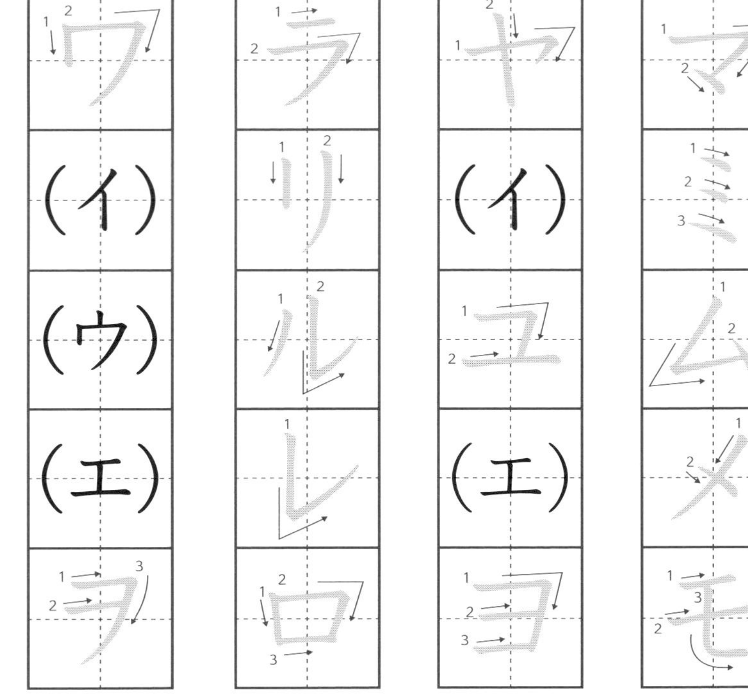

はじめのべんきょう 11. かたかなを かこう

がつ　にち

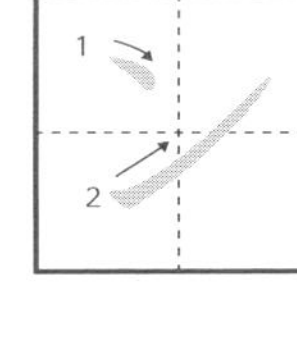

かたかなを　かきましょう。

マ ミ ム メ モ

ヤ (イ) ユ (エ) ヨ

ラ リ ル レ ロ

ワ (イ) (ウ) (エ) ヲ

ン

ちいさく かく じ

ャ ュ ョ ッ

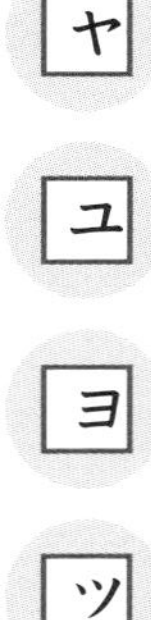

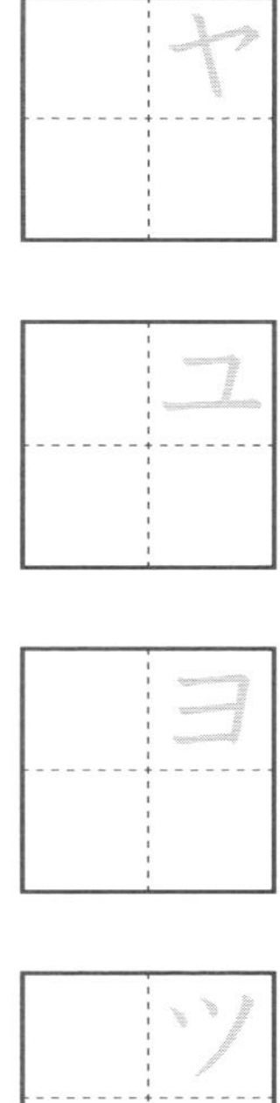

きほんのドリル 12

けんかした 山（1）

月　日

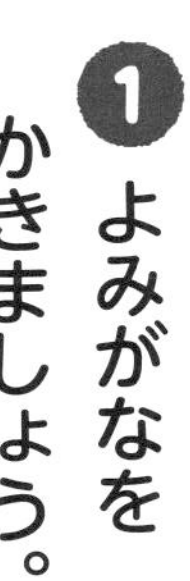

かいて おぼえよう！

98ページ

山 やま　サン（ながく）
3画　山山山
山男（やまおとこ）　山中（さんちゅう）
雪山（ゆきやま）　火山（かざん）
山（やま）

98ページ

日 か ひ　ニチ ジツ（つきでない）
4画　日日日日
夕日（ゆうひ）　日時（にちじ）
三日（みっか）　本日（ほんじつ）
日（ひ）

99ページ

月 つき　ゲツ ガツ（はねる）
4画　月月月月
毎月（まいつき）　今月（こんげつ）
月見（つきみ）　正月（しょうがつ）
月（つき）

1 よみがなを かきましょう。　40てん（一つ10）

① たかい 山。（　）

② お日さま（　）

③ 日よう日（　）

④ お月さま（　）

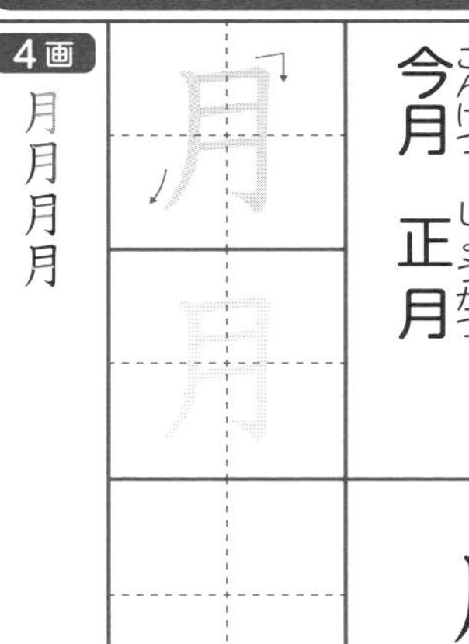

きょうかしょ 上 98～99ページ

うらの ページに つづくよ！

2 あてはまる　かん字(じ)を　かきましょう。

60てん（一(ひと)つ10）

① たかい　□(やま)　に　のぼる。

② 火(か)　□(ざん)　が　ふん火する。

③ 本(ほん)　□(じつ)　は　お休(やす)みだ。

④ 三(みっ)　□(か)　まで　まつ。

⑤ □(げつ)　ように　なる。

⑥ 一(いち)　□(がつ)　の　おわり。

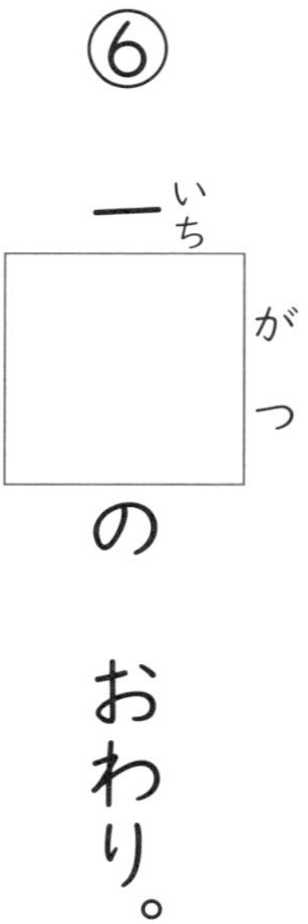

ヒント ② どれも、もののかたちからできたかん字です。

きほんのドリル 13。

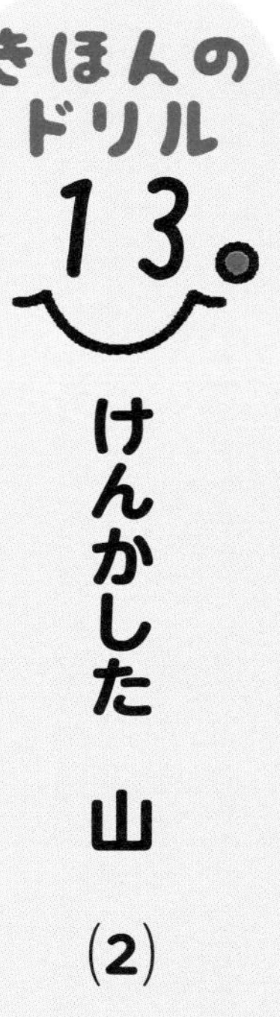

けんかした 山 (2)

じかん 15ふん
ごうかく80てん
／100

サクッと こたえ あわせ
こたえ 85ページ

月　日

かいて おぼえよう！

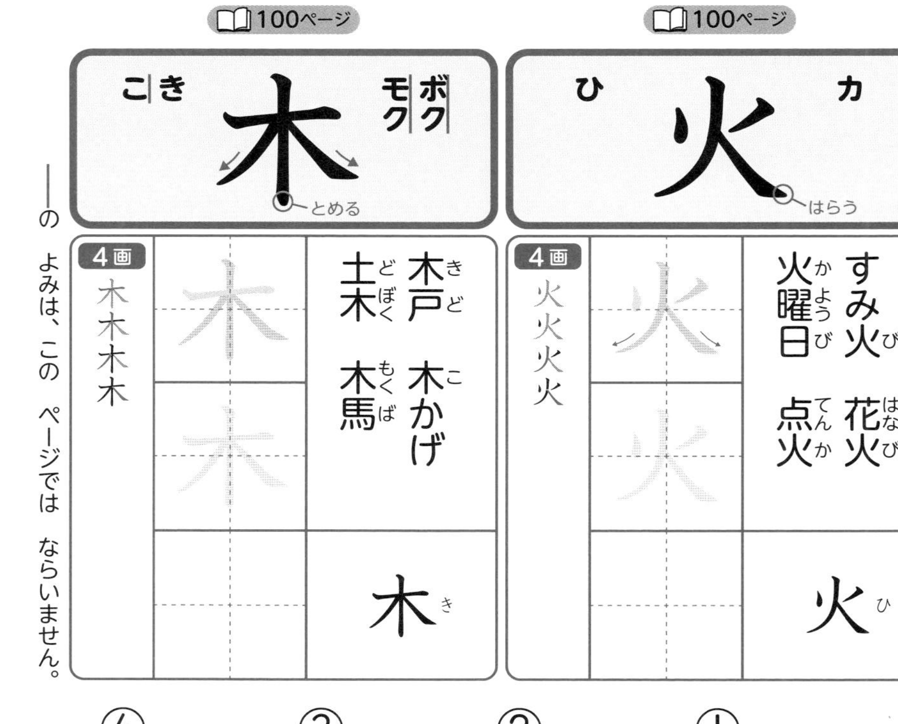

100ページ
火 ひ カ（はらう）
4画 火火火火
すみ火（び）　花火（はなび）
火曜日（かようび）　点火（てんか）
火（ひ）

100ページ
木 き こ ボク モク（とめる）
4画 木木木木
木戸（きど）　木かげ（こかげ）
土木（どぼく）　木馬（もくば）
木（き）

――の よみは、この ページでは ならいません。

1 よみがなを かきましょう。

40てん（一（ひと）つ10）

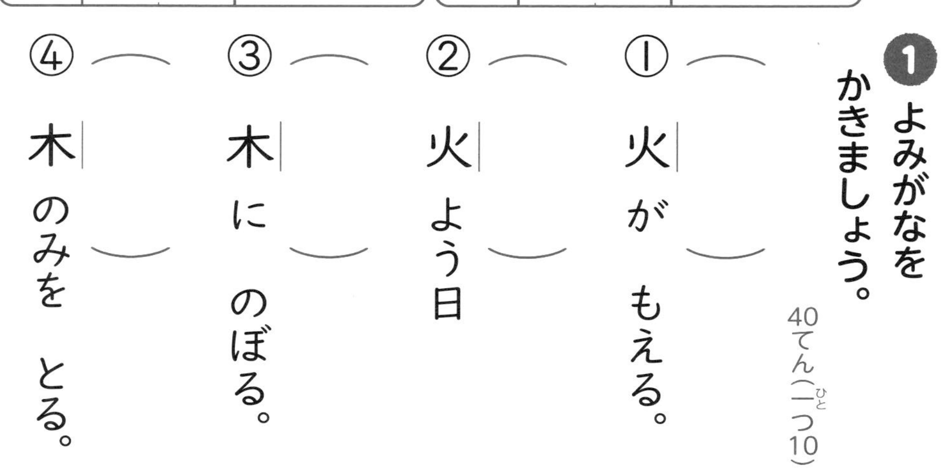

①（　　）火が もえる。

②（　　）火よう日

③（　　）木に のぼる。

④（　　）木のみを とる。

きょうかしょ 上 100ページ

うらの ページに つづくよ！

② あてはまる　かん字（じ）を　かきましょう。

60てん（一（ひと）つ10）

① 花（はな）□（び）大会（たいかい）に　いく。

② □（か）よう日は　雨（あめ）だ。

③ □（ひ）の　ようじん。

④ うめの　なえ□（ぎ）を　うえる。

⑤ 大（おお）きな　□（き）の　ねもと。

⑥ □（き）のみを　ひろう。

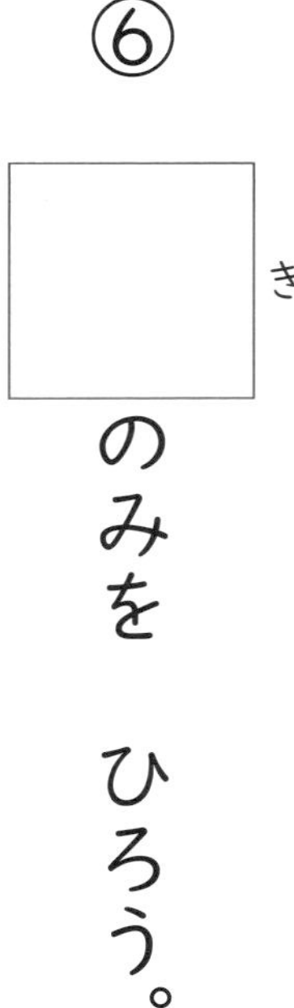

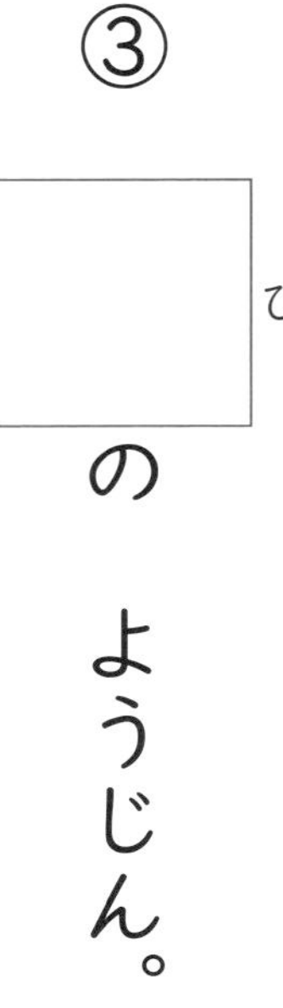

ヒント ②
①～③ものがもえているようすからできたかん字です。
④～⑥二（に）かく目（め）をはねないようにしましょう。

きほんのドリル 14。 けんかした 山 (3)

月　日

かいて　おぼえよう！

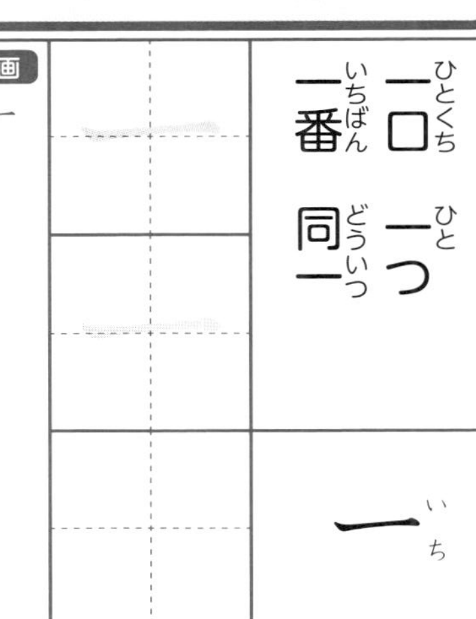

1画　一

一口（ひとくち）　一つ（ひとつ）
一番（いちばん）　同一（どういつ）

一（いち）

2画　一 二

二けた（ふたけた）　二つ（ふたつ）
二年（にねん）　二ど（にど）

二（に）

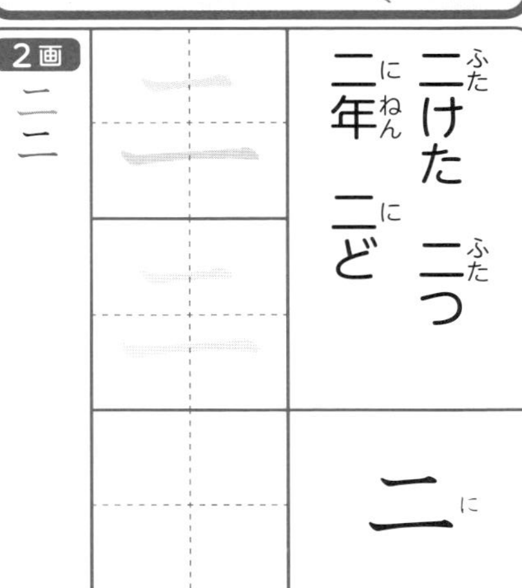

3画　一 二 三

三日月（みかづき）　三つ（みっつ）
三人（さんにん）

三（いち）

―の よみは、この ページでは ならいません。

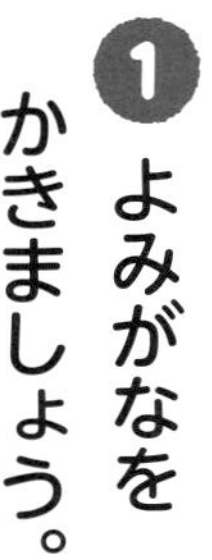

❶ よみがなを かきましょう。　40てん（一つ10）

①（　　）一年（ねん） たつ。

②（　　）二年の 月日。

③（　　）三年まえの こと。

④（　　）三さいに なる。

きょうかしょ ㊤103ページ

うらの ページに つづくよ！

❷ あてはまる　かん字(じ)を　かきましょう。

60てん（一つ10）

① （いちにち）□□が　はじまる。

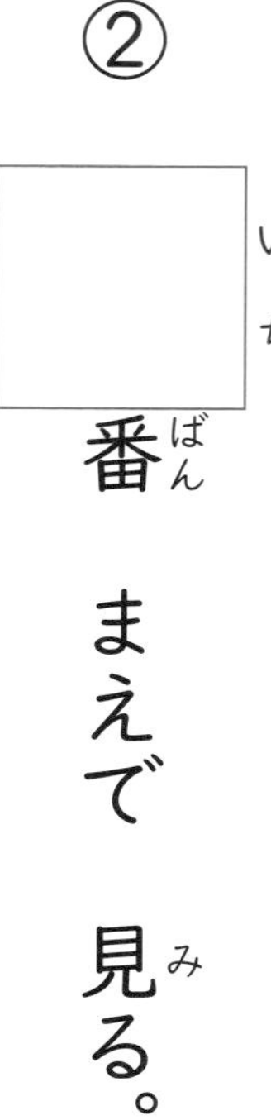

② （いち）□番(ばん)　まえで　見(み)る。

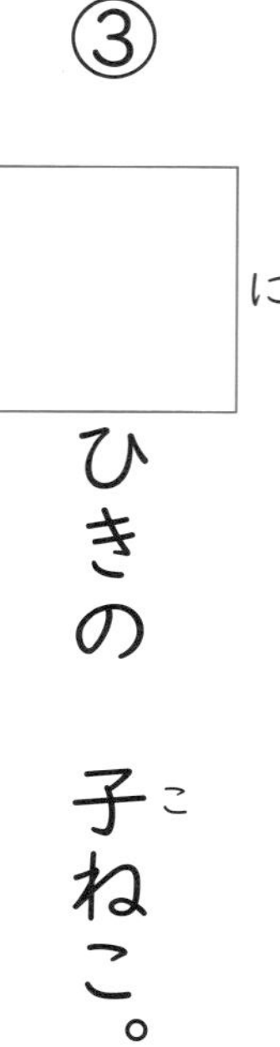

③ （に）□ひきの　子(こ)ねこ。

④ （にがつ）□□の　せつぶん。

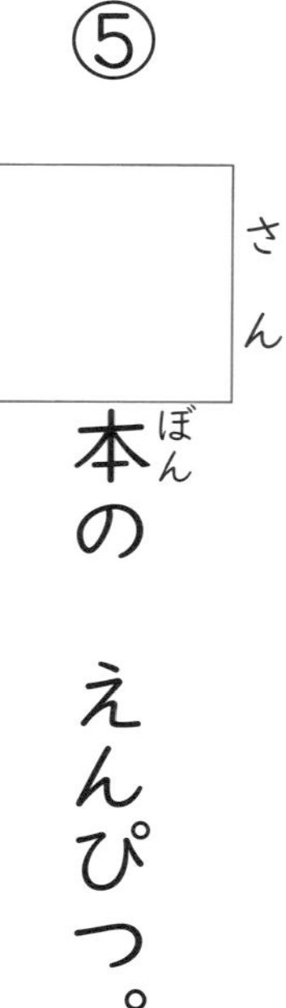

⑤ （さん）□本(ぼん)の　えんぴつ。

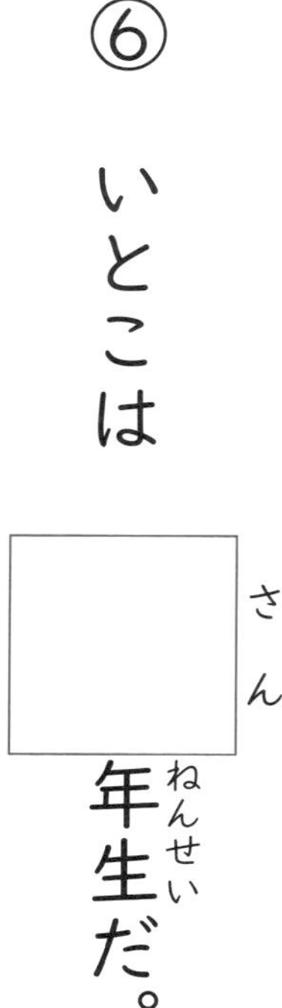

⑥ いとこは　（さん）□年生(ねんせい)だ。

ヒント ❷

①〜⑥「一」「二」「三」は、よこせんでかずをしめしたかん字です。

⑤・⑥まんなかのよこぼうがいちばんみじかいことに、ちゅういしましょう。

まとめのドリル 15。 けんかした 山

じかん 20ぷん
ごうかく80てん
／100
サクッと こたえ あわせ
こたえ 85ページ
月　日

1 かん字の よみがなを かきましょう。 50てん（一つ5）

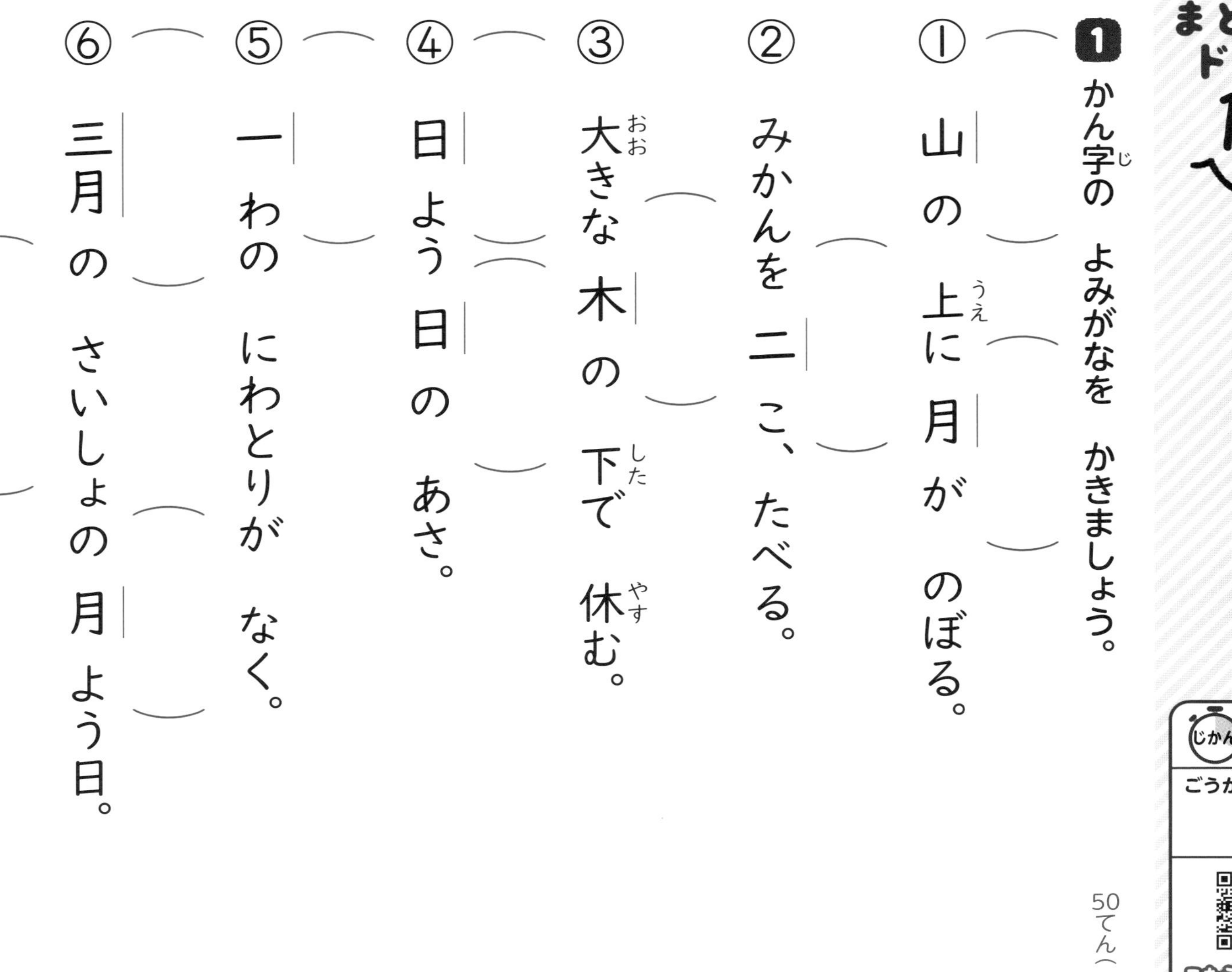

① 山の 上(うえ)に 月が のぼる。

② みかんを 二こ、たべる。

③ 大(おお)きな 木の 下(した)で 休(やす)む。

④ 日よう日の あさ。

⑤ 一わの にわとりが なく。

⑥ 三月の さいしょの 月よう日。

⑦ とおくに 火山が 見(み)える。

きょうかしょ 上 98～103ページ

← うらの ページに つづくよ！

2 あてはまる　かん字を　かきましょう。

50てん（一つ5）

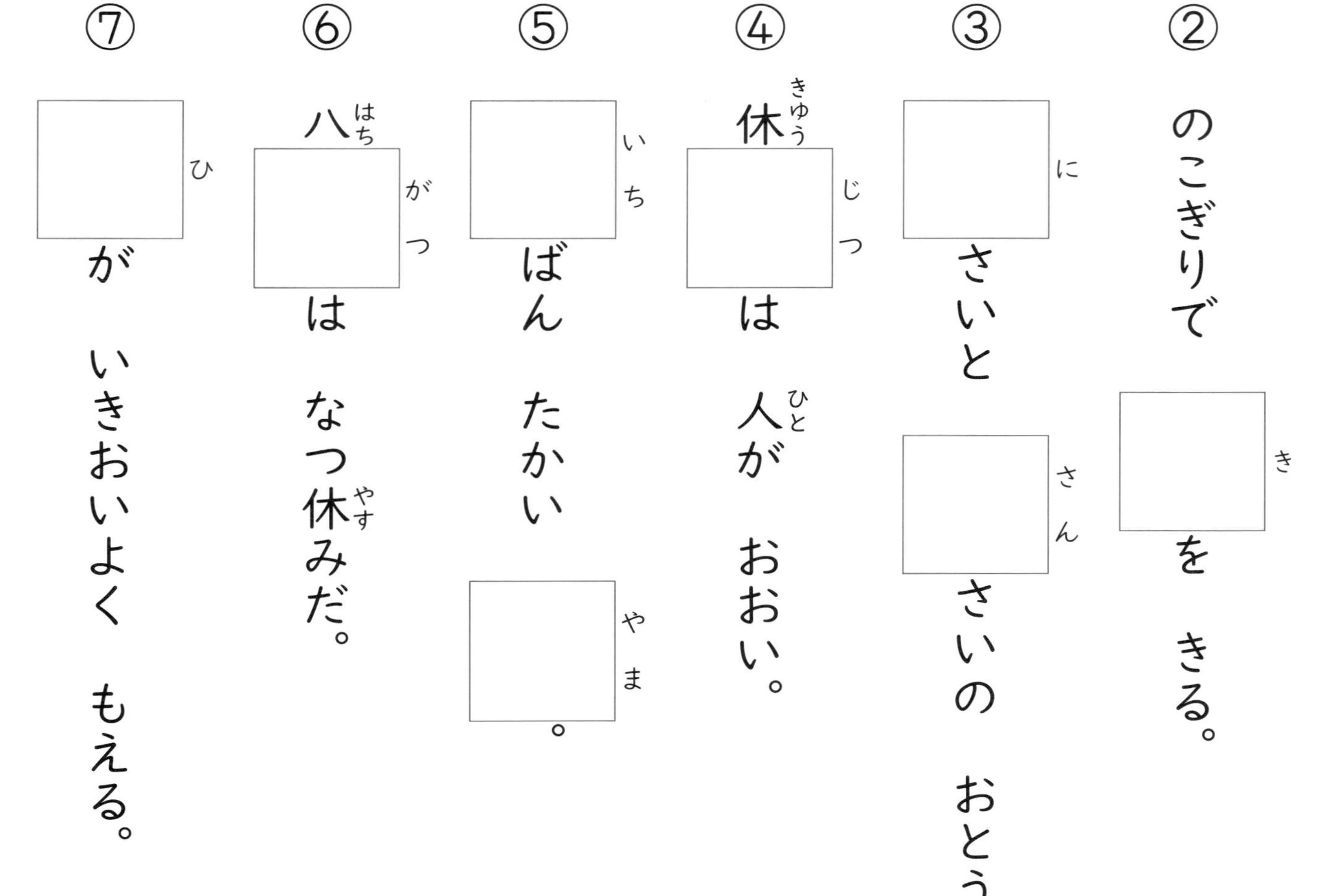

① □（げつ）ようと　□（か）ように　出（で）かける。

② のこぎりで　□（き）を　きる。

③ □（に）さいと　□（さん）さいの　おとうと。

④ 休（きゅう）□（じつ）は　人（ひと）が　おおい。

⑤ □（いち）ばん　たかい　□（やま）。

⑥ 八（はち）□（がつ）は　なつ休（やす）みだ。

⑦ □（ひ）が　いきおいよく　もえる。

きほんのドリル 16. かん字の　はじまり (1)

じかん 15ふん
ごうかく80てん ／100

こたえ 85ページ
月　日

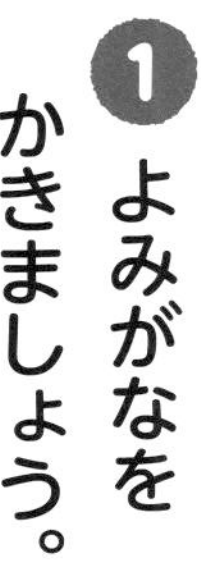

かいて　おぼえよう!

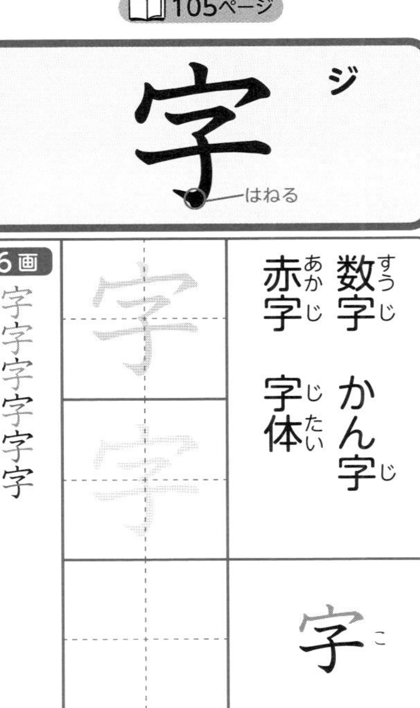

105ページ
字 ジ
はねる
6画　字字字字字字
数字(すうじ)　赤字(あかじ)　かん字(じ)　字体(じたい)
字(こ)

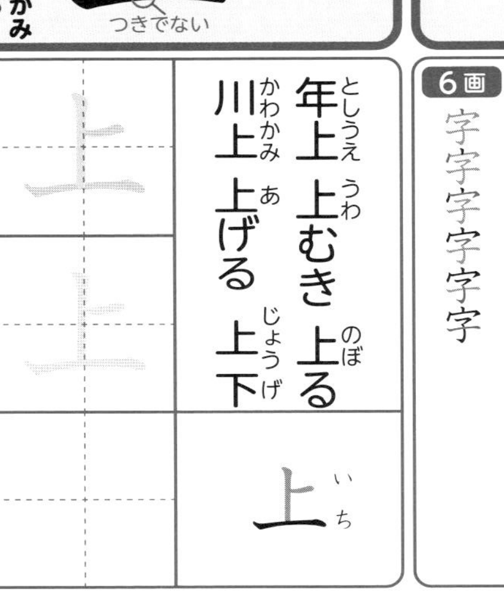

106ページ
上 ジョウ
うえ・うわ・かみ・あげる・あがる・のぼる
つきでない
3画　上上上
年上(としうえ)　川上(かわかみ)　上(うわ)むき　上(あ)げる　上(のぼ)る　上下(じょうげ)
上(いち)

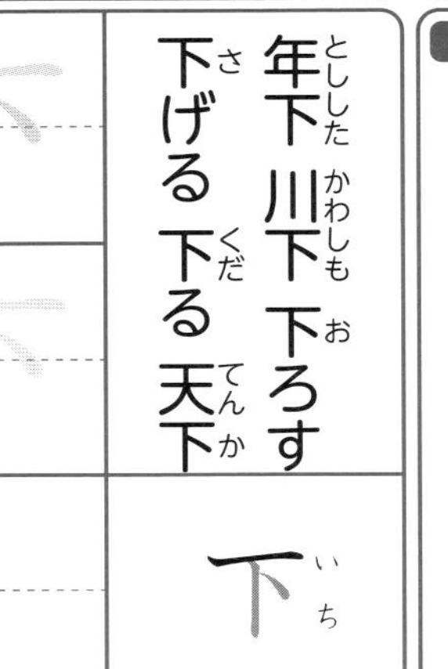
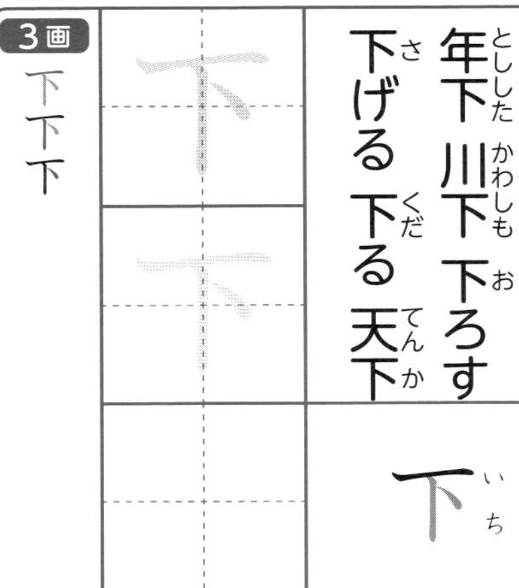

106ページ
下 ゲ　カ
した・しも・さげる・さがる・くだる・くだす・くださる・おろす・おりる
とめる
3画　下下下
年下(としした)　下(さ)げる　川下(かわしも)　下(くだ)る　下(お)ろす　天下(てんか)
下(いち)

1 よみがなを かきましょう。　40てん(一つ10)

① かん<u>字</u>を　かく。

② つくえの　<u>上</u>。

③ <u>下</u>に　おく。

④ ねだんが　<u>下</u>がる。

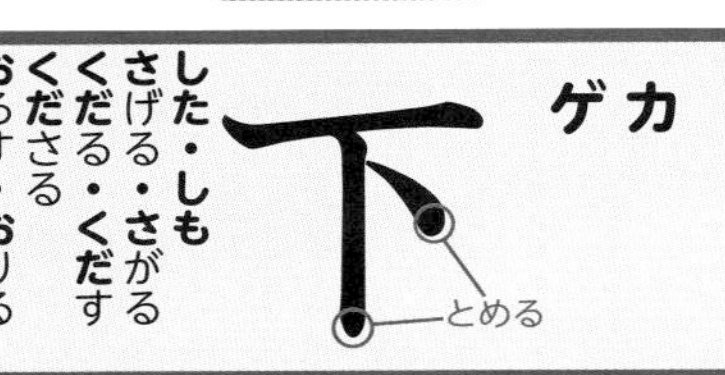

うらの ページに つづくよ!

❷ あてはまる　かんじを　かきましょう。

60てん（一つ10）

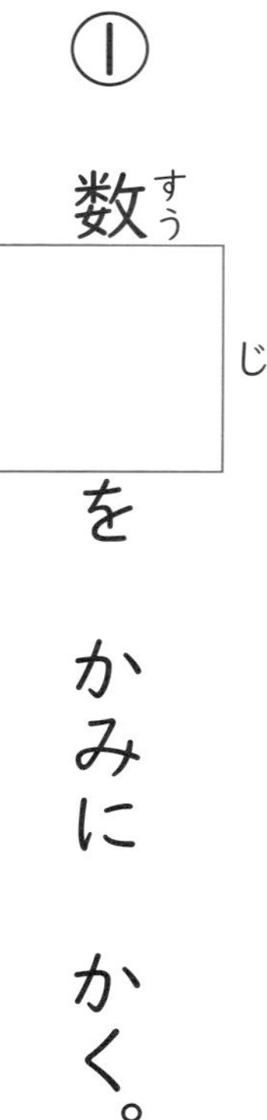

① 数(すう)□(じ)を　かみに　かく。

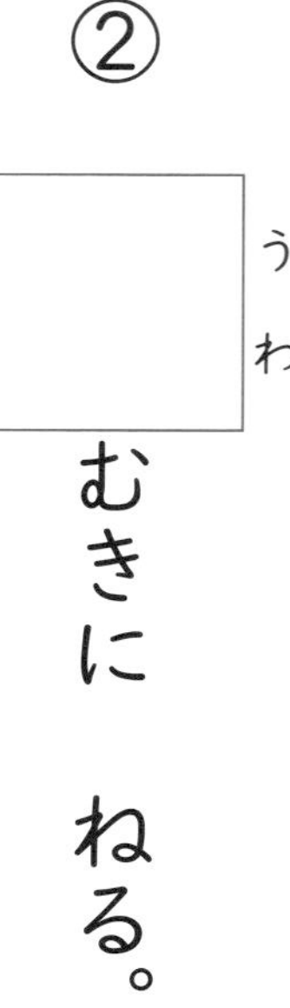

② □(うわ)むきに　ねる。

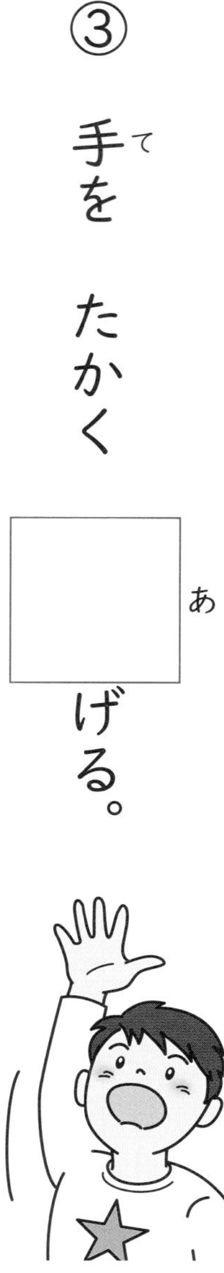

③ 手(て)を　たかく　□(あ)げる。

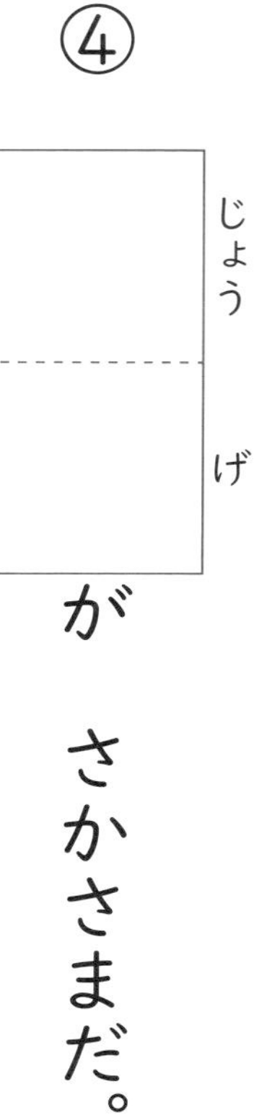

④ □□(じょうげ)が　さかさまだ。

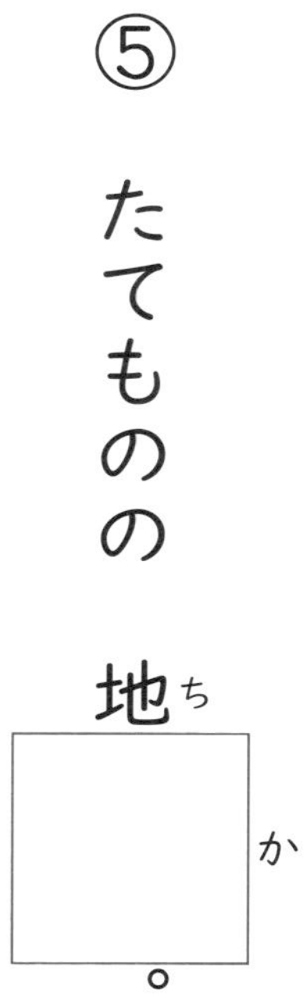

⑤ たてものの　地(ち)□(か)。

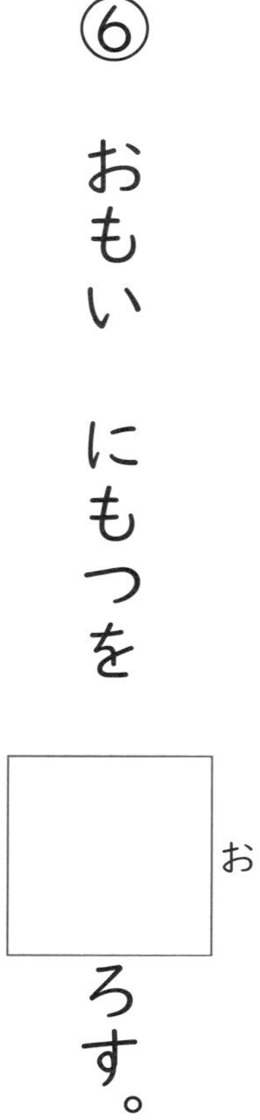

⑥ おもい　にもつを　□(お)ろす。

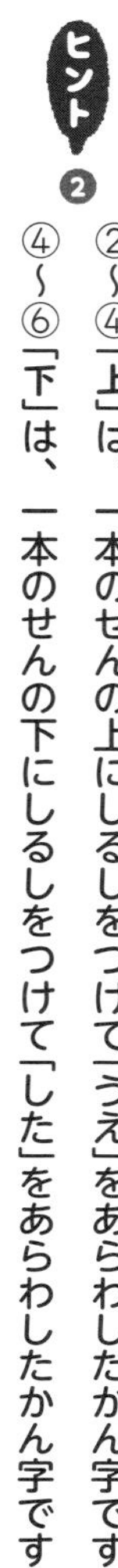

ヒント ❷
②～④「上」は、一本(ぽん)のせんの上にしるしをつけて「うえ」をあらわしたかん字です。
④～⑥「下」は、一本のせんの下にしるしをつけて「した」をあらわしたかん字です。

きほんのドリル 17 かん字の はじまり (2)

かいて おぼえよう！

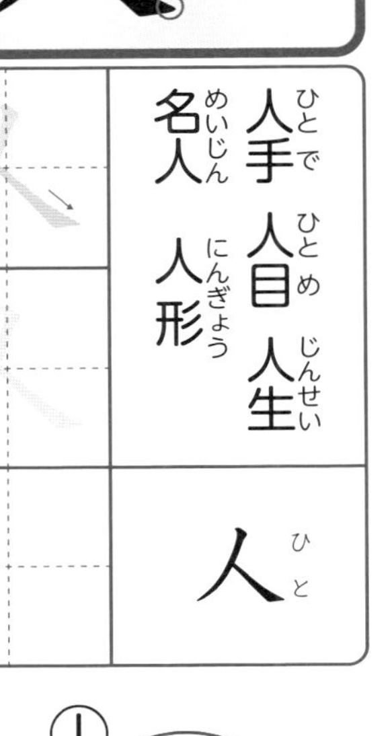
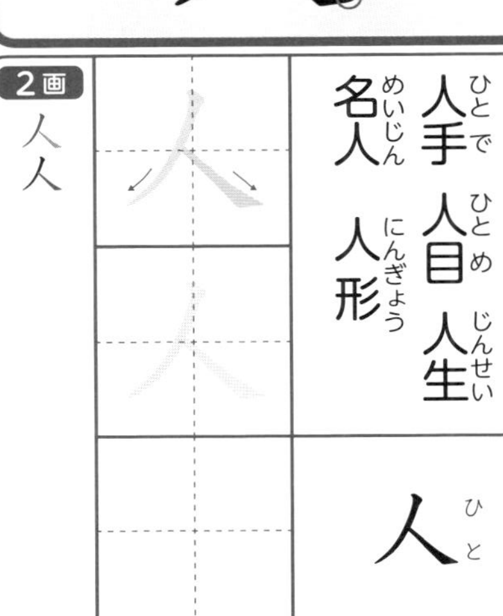

📖107ページ

人 ひと ジン ニン（はらう）

人手（ひとで） 人目（ひとめ） 人生（じんせい） 名人（めいじん） 人形（にんぎょう）

人（ひと）

2画 人人

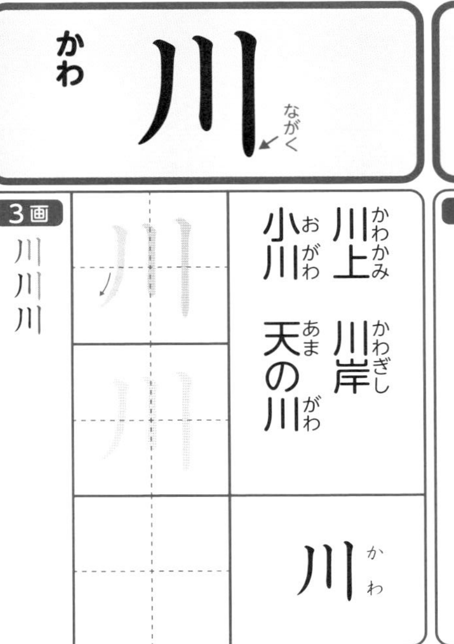

📖107ページ

川 かわ（ながく）

川上（かわかみ） 川岸（かわぎし） 小川（おがわ） 天の川（あまのがわ）

川（かわ）

3画 川川川

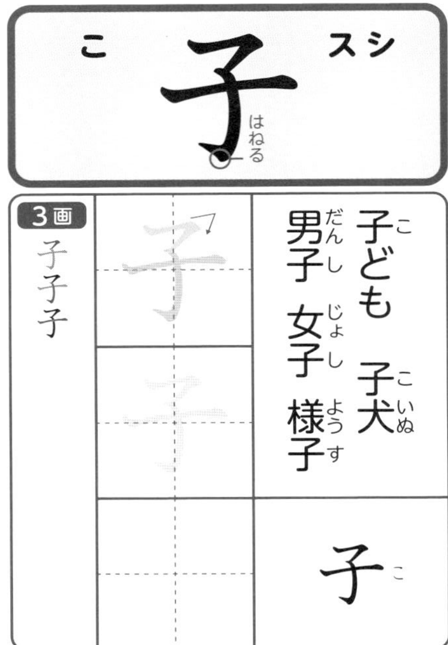

📖107ページ

子 こ スシ（はねる）

子ども（こども） 子犬（こいぬ） 男子（だんし） 女子（じょし） 様子（ようす）

子（こ）

3画 子子子

1 よみがなを かきましょう。 40てん（一つ10）

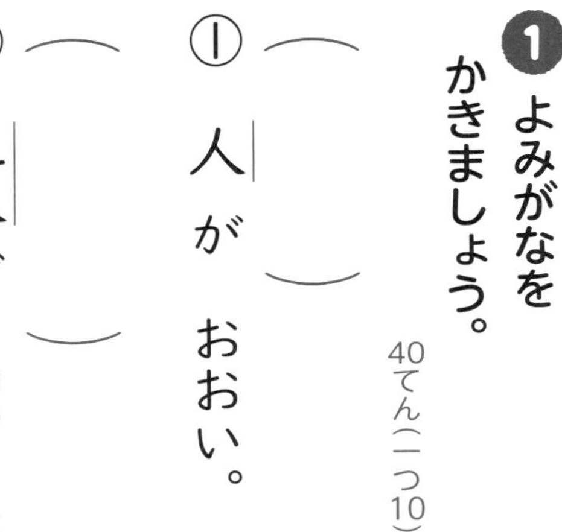

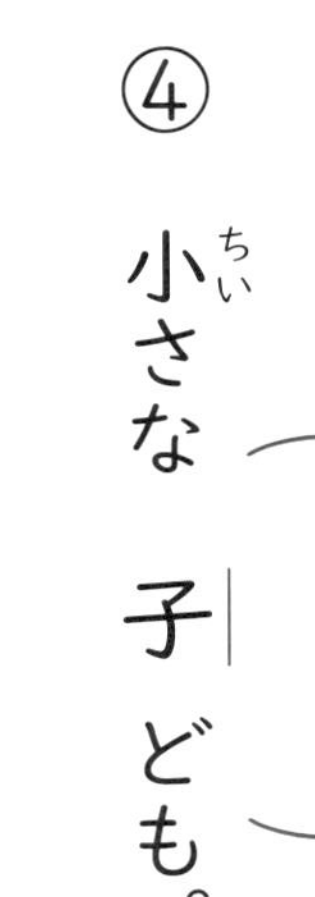

① 人（　　）が おおい。

② 三人（　　）で あつまる。

③ 川（　　）の さかな。

④ 小（ち）さな（　　） 子（　　）ども。

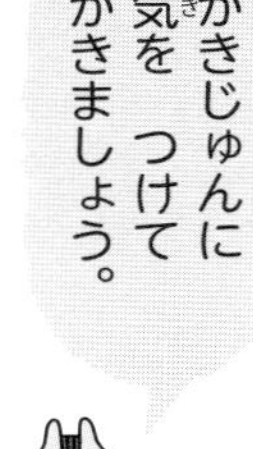

きょうかしょ 📖 上 107ページ

← うらの ページに つづくよ！

❷ あてはまる　かん字を　かきましょう。

60てん（一つ10）

① 日本（にほん）□（じん）が　ゆうしょうする。

② 三□（にん）の　きょうだい。

③ 小（お）□（がわ）の　さかな。

④ □（かわ）あそびを　する。

⑤ □（こ）どもの　ための　本。

⑥ 女（じょ）□（し）が　おおい　クラス。

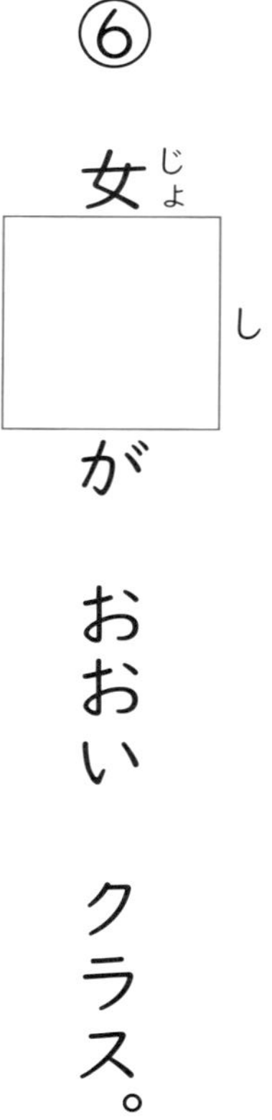

ヒント ❷ どれも、もののかたちからできたかん字です。

きほんのドリル 18

かん字の　はじまり（3）
だれが、たべたのでしょう
たのしかった　ことを　かこう（1）
かぞえよう

かいて　おぼえよう！

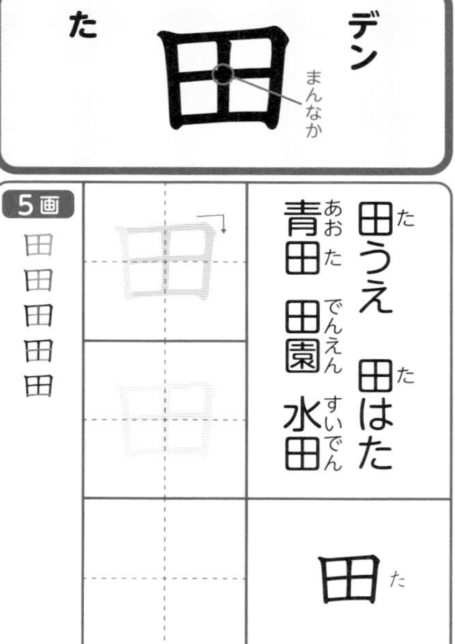

107ページ
口（くち／コウ・ク）3画　でる
口ぶえ（くちぶえ）　出口（でぐち）　人口（じんこう）　火口（かこう）　口調（くちょう）
口（くち）
口 口 口

107ページ
田（た／デン）5画　まんなか
田うえ（たうえ）　田はた（たはた）　青田（あおた）　田園（でんえん）　水田（すいでん）
田（た）
田 田 田 田 田

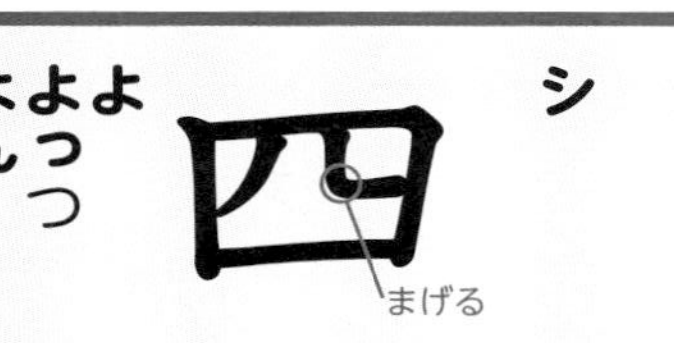

122ページ
四（よ・よっつ・よん／シ）5画　まげる
四人（よにん）　四つ（よっつ）　四こ（よんこ）　四方（しほう）
四（くにがまえ）
四 四 四 四 四

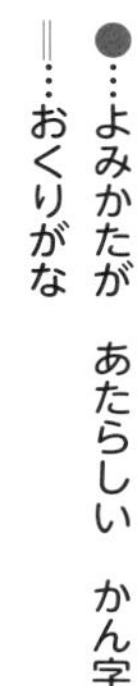

よんで　おぼえよう！

●…よみかたが　あたらしい　かん字
＝…おくりがな

教113ページ **木** こ・き　モク・ボク	教117ページ **一** ひと・ひと（つ）　イチ・イツ
教122ページ **二** ふた・ふた（つ）　ニ	教122ページ **三** み・み（っつ）　サン

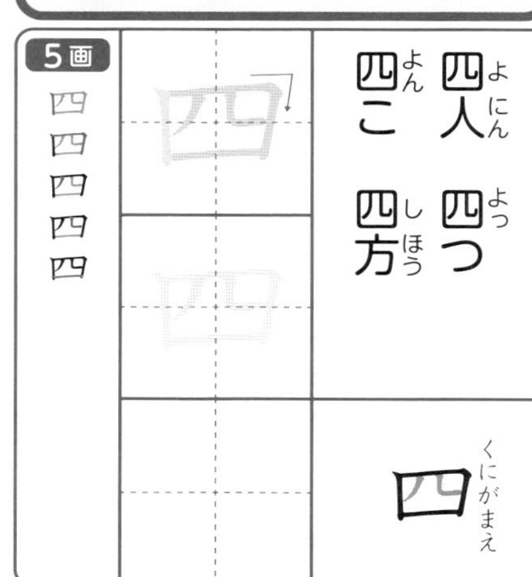

1 よみがなを　かきましょう。　40てん（一つ10）

① 口（　）を　あける。
② 田（　）うえを　する。
③ 四（　）そうの　ふね。
④ 大（おお）きな　木（　）のは。

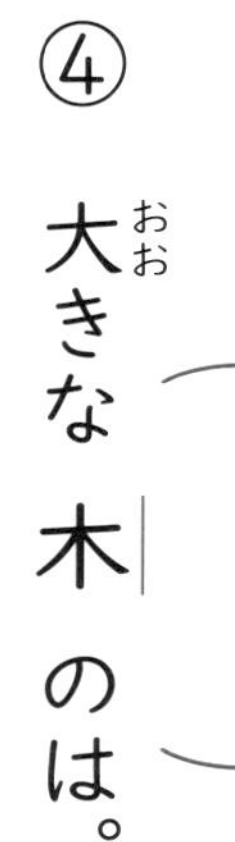

うらの ページに つづくよ！

❷ あてはまる　かん字を　かきましょう。

60てん（一つ10）

①　たのしそうな　□　ちょう。

②　この　町（まち）の　□□（じんこう）。

③　水（すい）□（でん）に　なえを　うえる。

④　いもうとは　□（よっ）つだ。

⑤　□（し）月に　入学（にゅうがく）する。

⑥　いちょうの　大（たい）□（ぼく）。

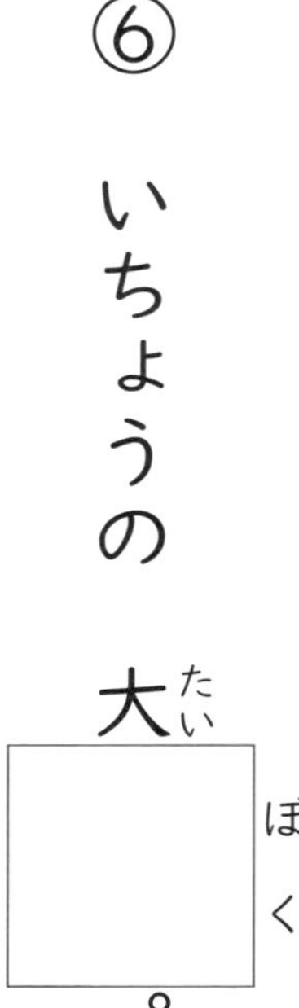
❷ ①・②「口」は、もののかたちからできたかん字です。
④・⑤「シ」「よ」「よっ（つ）」「よん」のよみかたがあります。

きほんのドリル 19. かぞえよう (2)

かいて おぼえよう!

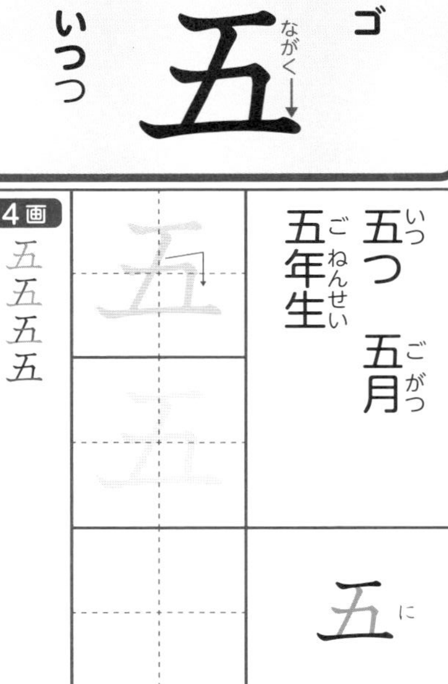

122ページ

五（ゴ／いつ・つ）ながく

4画 五五五五

五つ（いつつ）　五月（ごがつ）　五年生（ごねんせい）　五（に）

123ページ

六（ロク／む・むっ・つ・むい）とめる

4画 六六六六

六つ（むっつ）　六月（ろくがつ）　六月目（むつきめ）　六日（むいか）　六（は）

123ページ

七（シチ／なな・ななつ・なの）まげる

2画 七七

七つ（ななつ）　七月（しちがつ）　七草（ななくさ）　七日（なのか）　七（いち）

1 よみがなを かきましょう。　40てん(一つ10)

① 五（　　）ひきの ねこ。

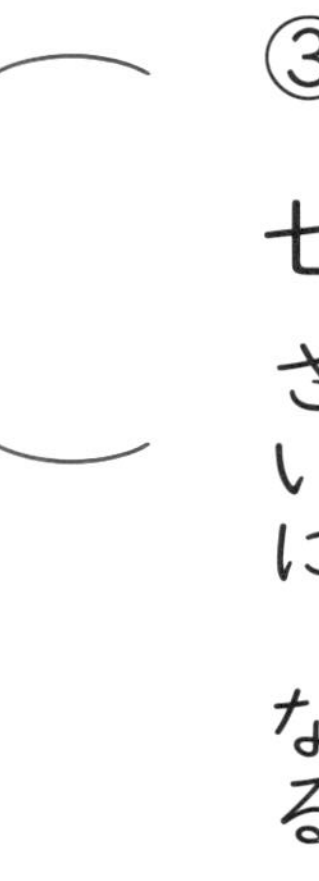

② 六（　　）さつの 本（ほん）。

③ 七（　　）さいに なる。

④ 七（　　）ひきの 子やぎ。

よみかたに ちゅういしよう。

きょうかしょ 上 122～123ページ

うらの ページに つづくよ!

2 あてはまる　かん字を　かきましょう。　60てん（一つ10）

① □（いつ）つまで　かぞえる。

② □（ご）本（ほん）の　えんぴつ。

③ 四月　□□（むいか）に　生（う）まれた。

④ □□（しちがつ）の　はじめ。

⑤ □□（なのか）目（め）の　できごと。

⑥ □（なな）さいに　なる。

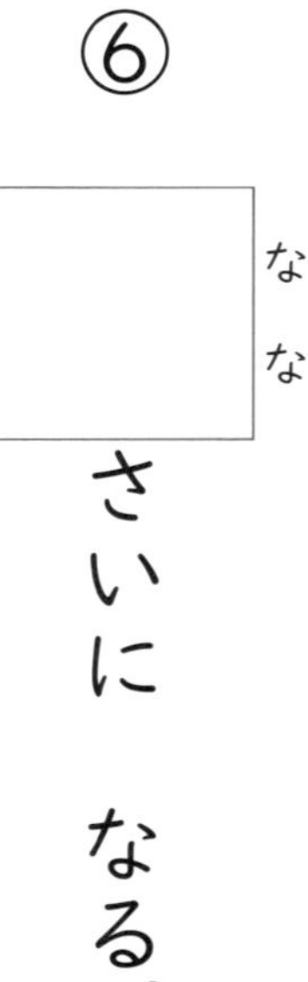

2 ①・②よこせんは、上よりも下のほうがながいです。
④「ひちがつ」ではなく「しちがつ」とよむことに、ちゅういしましょう。

きほんのドリル 20。

かぞえよう (3)

じかん 15ふん
ごうかく80てん
/100
こたえ 86ページ
月　日

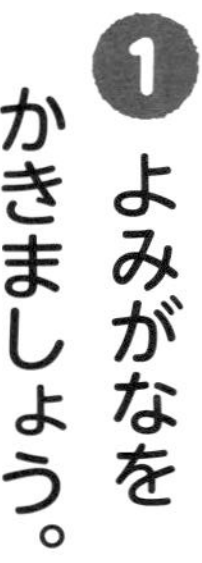

かいて　おぼえよう！

123ページ

八　ハチ　や　やっつ　よう　（あける）

2画　八八

八えざくら（やえざくら）　八月（はちがつ）　八つ（やっつ）　八日（ようか）

八（はち）

123ページ

九　キュウ　ク　ここの　ここのつ　（はねる）

2画　九九

九日（ここのか）　九つ（ここのつ）　九こ（きゅうこ）　九月（くがつ）

九（おっ）

123ページ

十　ジュウ　ジッ（ジュッ）　とお　と　（とめる）

2画　十十

十日（とおか）　十月（じゅうがつ）　十人十色（じゅうにんといろ）　十回（じっかい（じゅっかい））

十（じゅう）

1 よみがなを　かきましょう。　40てん（一つ8）

① 八（　）まいの　ぬの。

② 八（　）つ　もらう。

③ 九（　）この　たね。

④ 九（　）つに　なる。

⑤ 八月　十日（　）に　なる。

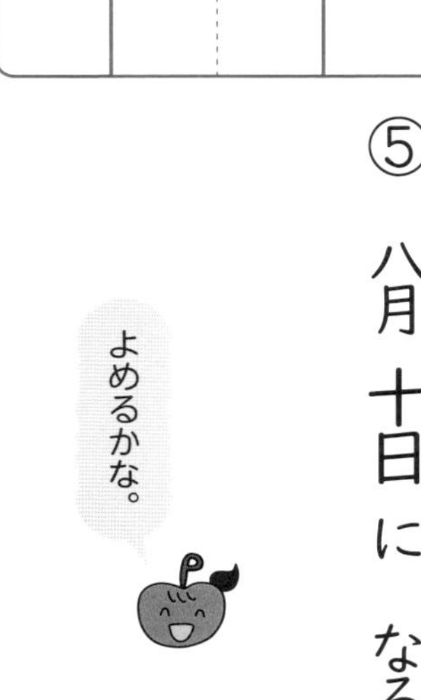

きょうかしょ 上 123ページ

← うらの ページに つづくよ！

❷ あてはまる　かん字を　かきましょう。

60てん(一つ10)

① きれいな［　］(や)えぞくら。

② ［　　］(よう か)の　あさが　くる。

③ ［　　］(く がつ)の　はじめ。

④ ［　　］(ここの か)目(め)を　むかえる。

⑤ ［　　］(じゅう がつ)の　うんどうかい。

⑥ ［　］(じっ)分(ぷん)の　小(しょう)テスト。

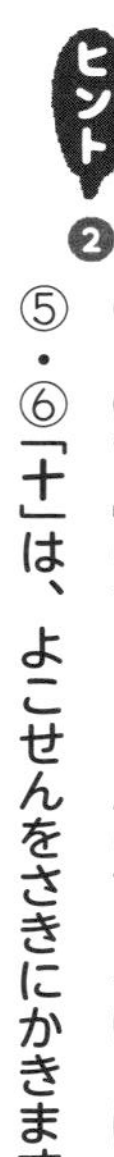
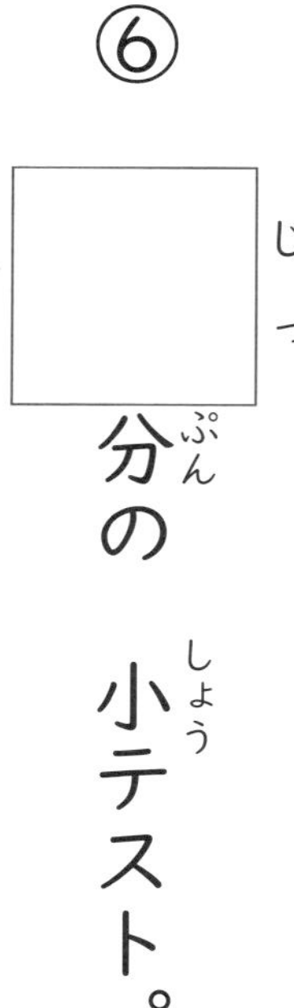
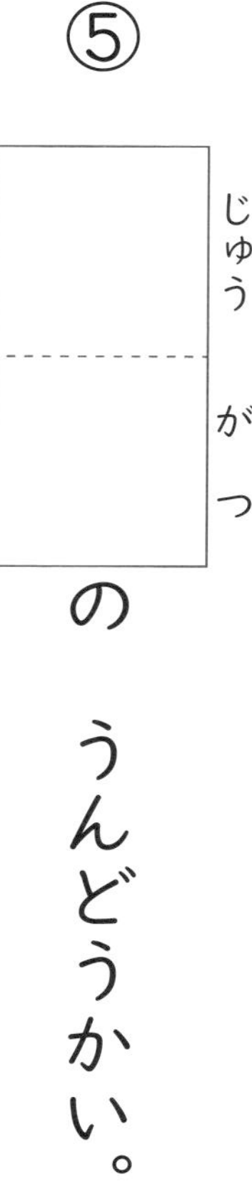

ヒント ❷
③・④「九」のかきじゅんにちゅうい。はじめに、たてせんをかきます。
⑤・⑥「十」は、よこせんをさきにかきます。

まとめのドリル 21 かん字の はじまり～かぞえよう

1 かんじの よみがなを かきましょう。 50てん(一つ5)

① あめを 四つと 五つに わける。

② かん字の れんしゅうを する。

③ おおくの 人が 手(て)を 上げる。

④ 田んぼに いねを うえる。

⑤ れつの 六ばん目(め)に ならぶ。

⑥ 九さいと 十さいの おにいさん。

⑦ 七ひきの 子やぎの おはなし。

2 あてはまる　かん字を　かきましょう。〔　〕には　かん字と　ひらがなを　かきましょう。

50てん（一つ5）

① □（ご）だいの　くるまが　とまる。

② たまごの　ねだんが　〔　　（さがる）　〕。

③ 大（たい）□（ぼく）の　□（うえ）で　とりが　なく。

④ □（こ）どもが　□□（はちにん）　あつまる。

⑤ □（くち）を　大（おお）きく　あける。

⑥ □（かわ）で　さかなを　とる。

⑦ 〔　　（ここのつ）　〕、□（とお）と　かぞえる。

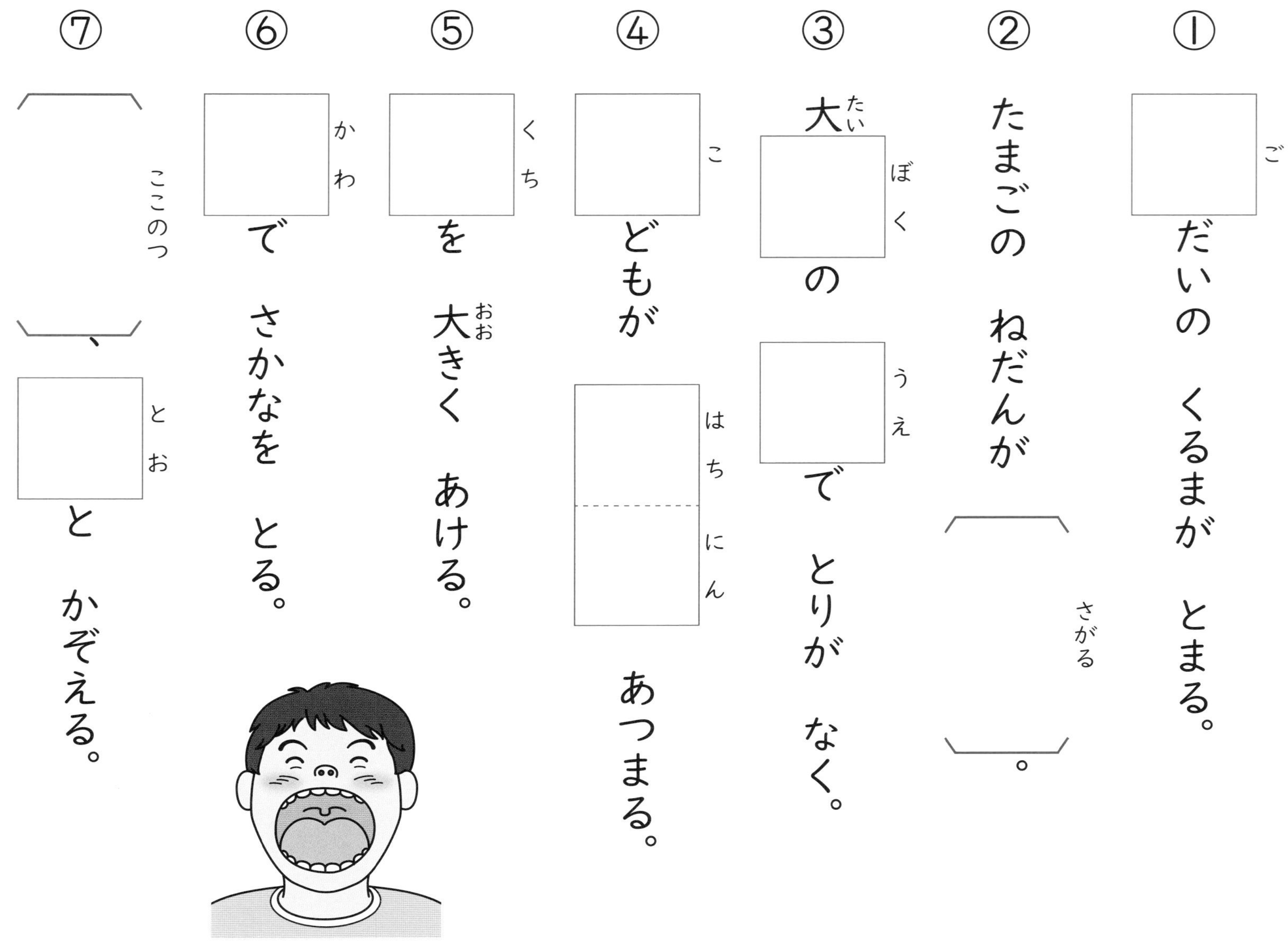

きほんのドリル 22。 しらせたいな、いきもののひみつ

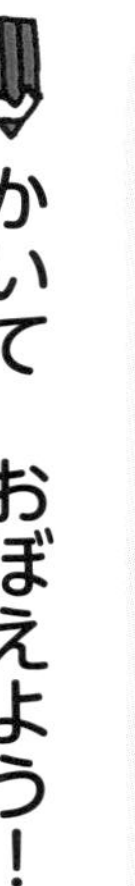

かいて おぼえよう！

📖8ページ

見 ケン / み（る）・み（える）・み（せる） （はねる）

7画 見見見見見見見

見（み）る　見（み）える　見（み）せる　見学（けんがく）

見（み）る

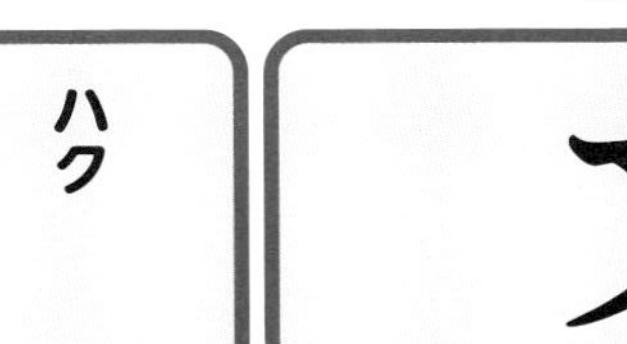

📖9ページ

文 ブン・モン （つける）

4画 文文文文

文学（ぶんがく）　文明（ぶんめい）　作文（さくぶん）　文（もん）く

文（ぶん）

📖9ページ

白 ハク / しろ・しら・しろ（い） （つける）

5画 白白白白白

まっ白（しろ）　白（しら）かべ　白（しろ）い　白紙（はくし）　空白（くうはく）

白（しろ）

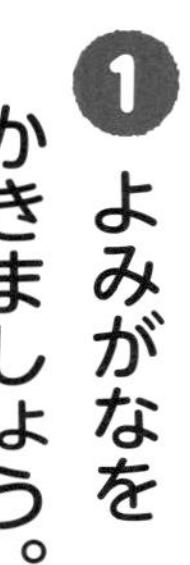

1 よみがなを かきましょう。 40てん（一つ10）

① 虫（むし）を 見（　　）つける。

② 見（　　）学（がく）を する。

③ 文（　　）を よむ。

④ 白（　　）い うさぎ。

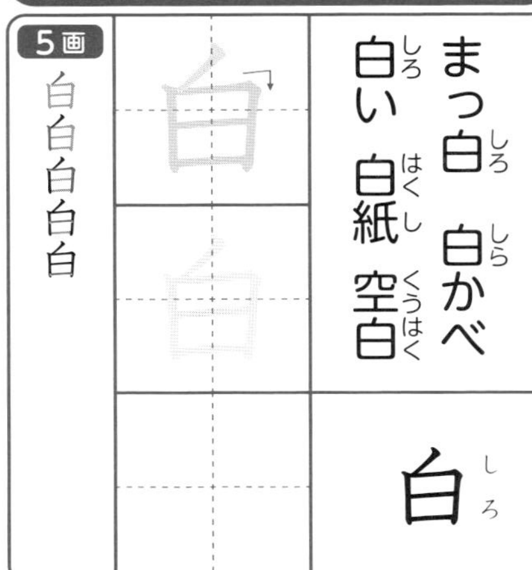

きょうかしょ 下8～9ページ

うらの ページに つづくよ！

2 あてはまる　かん字を　かきましょう。

60てん(一つ10)

① こうじょうを　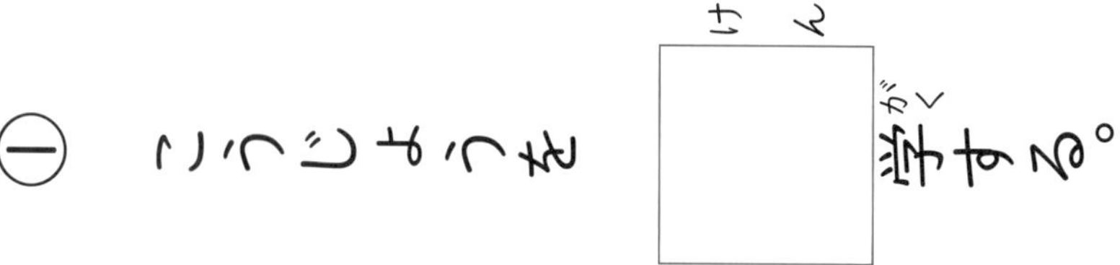（けん）学（がく）する。

② おとうとに　本（ほん）を　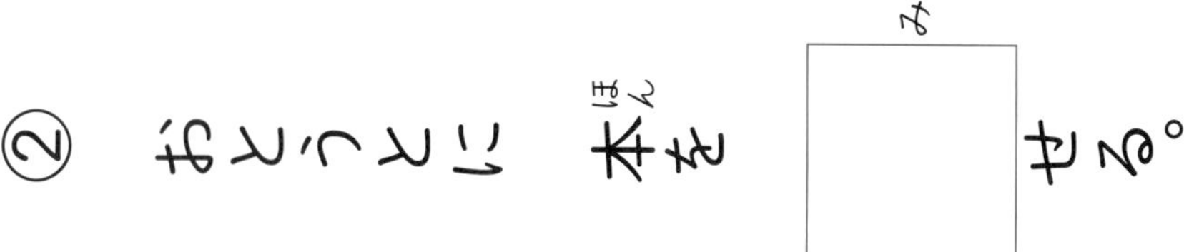（み）せる。

③ 口を　ま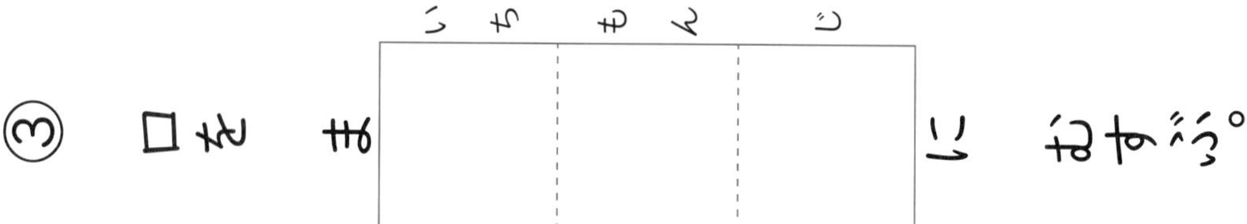（いち もん じ）に　むすぶ。

④ ながい　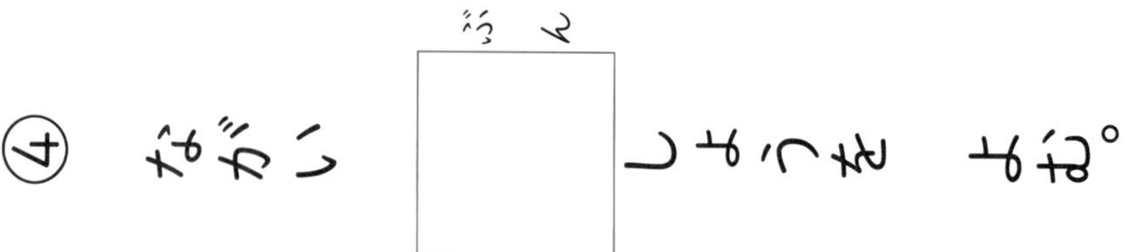（ぶん）しょうを　よむ。

⑤ おやつは　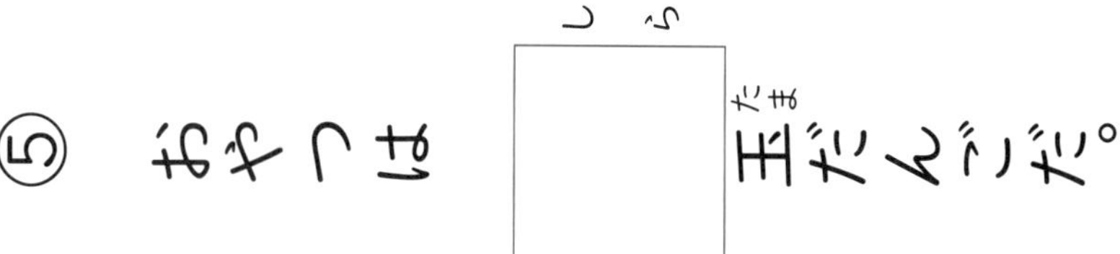（しら）玉（たま）だんごだ。

⑥ 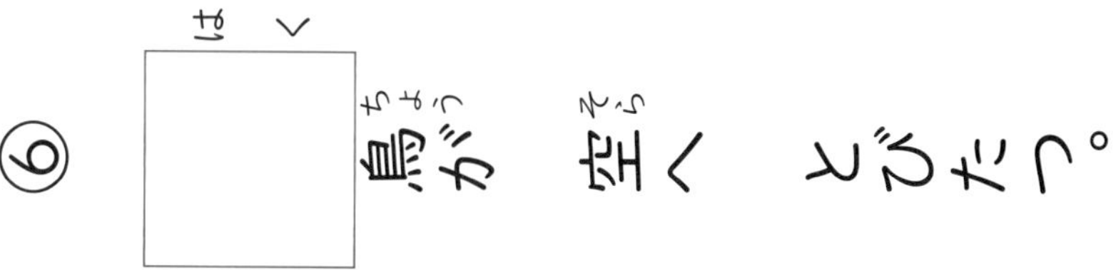（はく）鳥（ちょう）が　空（そら）へ　とびたつ。

ヒント 2
①・②「目」のぶぶんを「日」としないようにきをつけましょう。
⑤・⑥上の左（ひだり）はらいをわすれないようにしましょう。

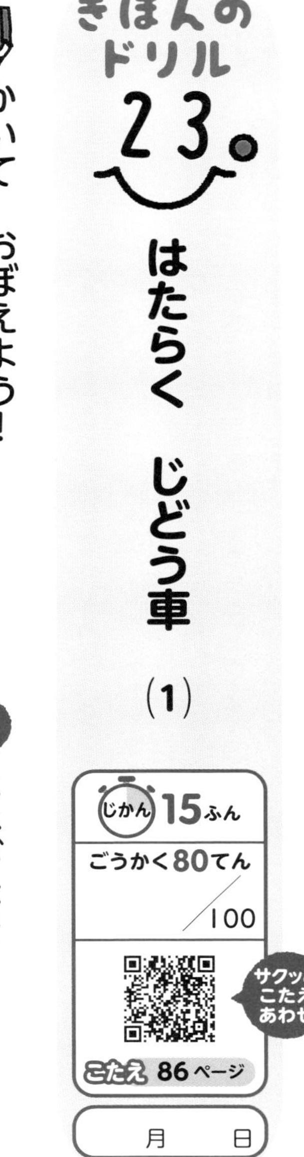

きほんのドリル 23 はたらく じどう車 (1)

じかん 15ふん
ごうかく80てん
/100
サクッと こたえ あわせ
こたえ 86ページ
月 日

かいて おぼえよう！

📖12ページ
車 シャ くるま（ながく）
7画 車車車車車車車
糸車（いとぐるま） 荷車（にぐるま） かた車（ぐるま） 車りん（しゃりん）
車（くるま）

📖13ページ
手 シュ て（はねる）
4画 手手手手
手紙（てがみ） 手本（てほん） 右手（みぎて） 手記（しゅき） 手話（しゅわ） 投手（とうしゅ）
手（て）

📖14ページ
大 ダイ タイ おお おおきい おおいに（つける）
3画 大大大
大空（おおぞら） 大小（だいしょう） 大金（たいきん） 大いに（おおいに） 大きい（おおきい）
大（だい）

1 よみがなを かきましょう。 40てん（一つ10）

① 赤（あか）い じどう 車（　　）。

② 車（　　）に のる。

③ 手（　　）すりを もつ。

④ 大（　　）きな こうえん。

よめたかな。

きょうかしょ 下12～14ページ

うらの ページに つづくよ！

2 あてはまる　かん字を　かきましょう。

60てん（一つ10）

① じてん□（しゃ）に　のる。

② おとうさんの　かた□（ぐるま）。

③ ともだちと　あく□（しゅ）する。

④ □（て）本（ほん）を　見て　かく。

⑤ □（だい）すきな　おはなし。

⑥ □（たい）切（せつ）な　やくそく。

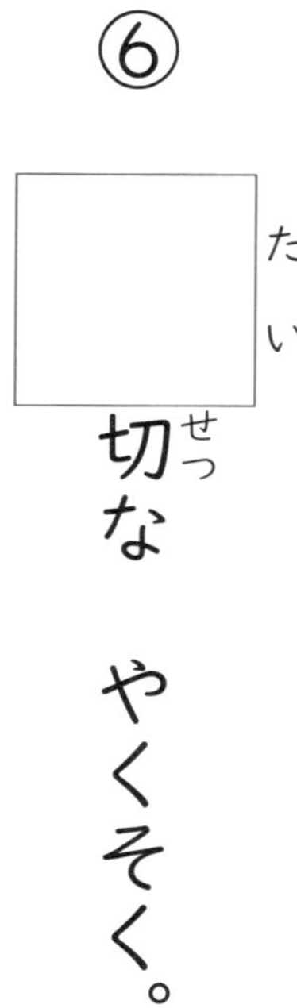
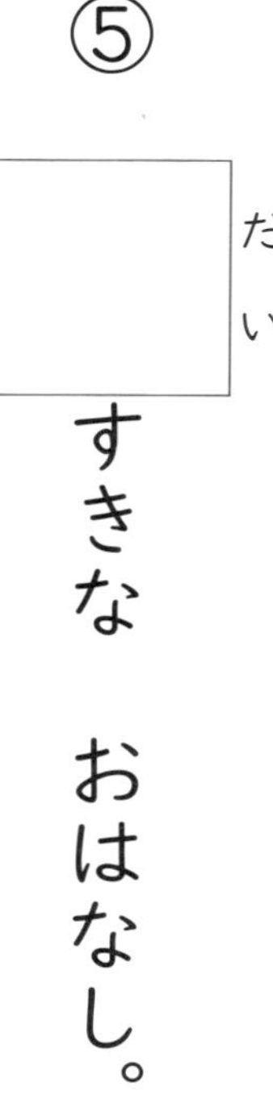
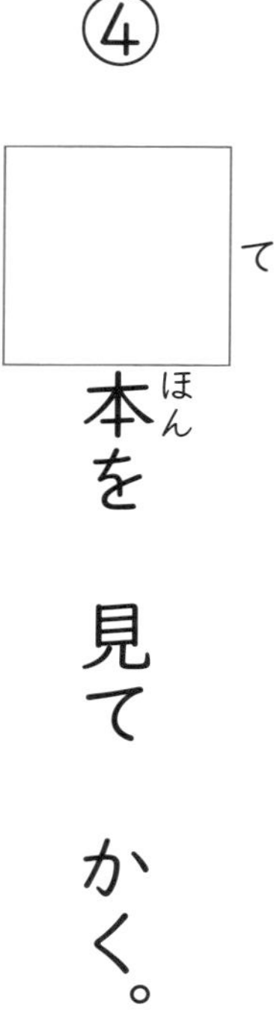

ヒント ②
①・②上と下のよこせんは、車（しゃ）りんをあらわしています。
⑤・⑥「一」をはじめにかきます。

きほんのドリル 24。 はたらく　じどう車 (2)

じかん 15ふん
ごうかく80てん
/100

こたえ 86ページ

月　日

かいて　おぼえよう！

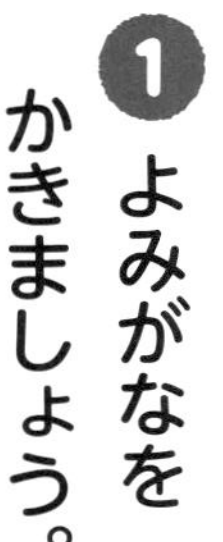

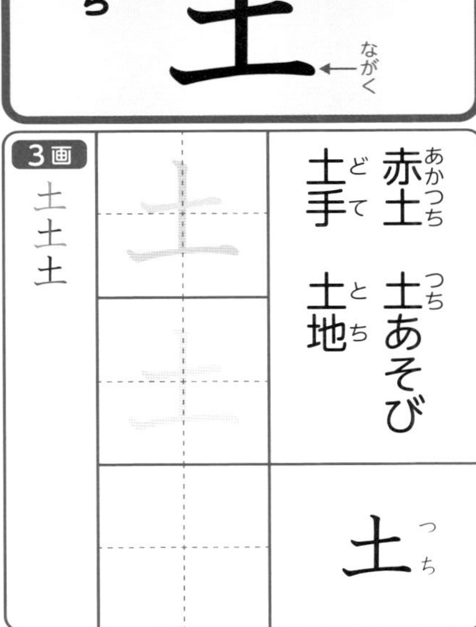

15ページ

土　つち　ト　ド（ながく）

3画　土土土

赤土（あかつち）　土手（どて）　土あそび（つち）　土地（とち）

土（つち）

16ページ

水　みず　スイ（はねる）

4画　水水水水

水あめ（みず）　水田（すいでん）　水着（みずぎ）　水分（すいぶん）

水（みず）

1 よみがなを　かきましょう。　40てん（一つ10）

① 土（　　）を　はこぶ。

② 土（　　）よう日

③ 水（　　）を　くむ。

④ 水（　　）よう日

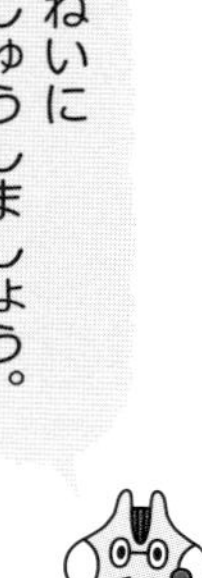

きょうかしょ 下 15～16ページ

うらの ページに つづくよ！

❷ あてはまる　かん字を　かきましょう。

60てん（一つ10）

① ひろい　□(と)　地(ち)に　いえを　たてる。

② □(ど)　星(せい)を　かんさつする。

③ かたい　□(つち)　を　ほる。

④ □(みず)　でっぽうで　あそぶ。

⑤ □(すい)　えいが　とくいだ。

⑥ ゆたかな　のみ　□(みず)。

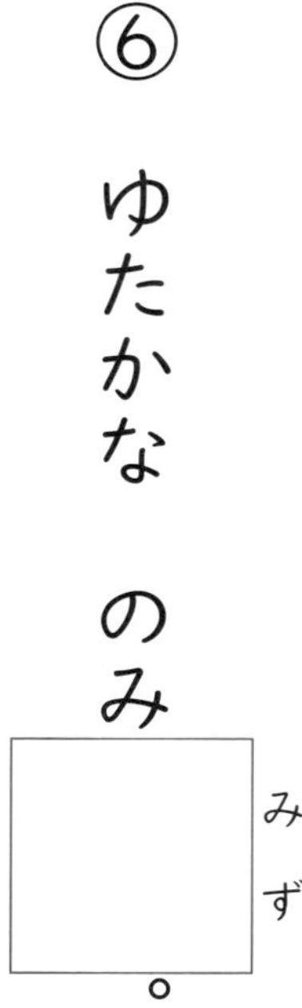

ヒント ❷
①〜③もののかたちからできたかん字です。
④〜⑥まんなかのたてをかいてから、左(ひだり)、右(みぎ)のじゅんにかきます。

きほんのドリル 25。

「のりものカード」で しらせよう
なにを して いるのかな？

じかん 15ふん
ごうかく80てん ／100
サクッと こたえ あわせ
こたえ 86ページ
月　日

かいて おぼえよう！

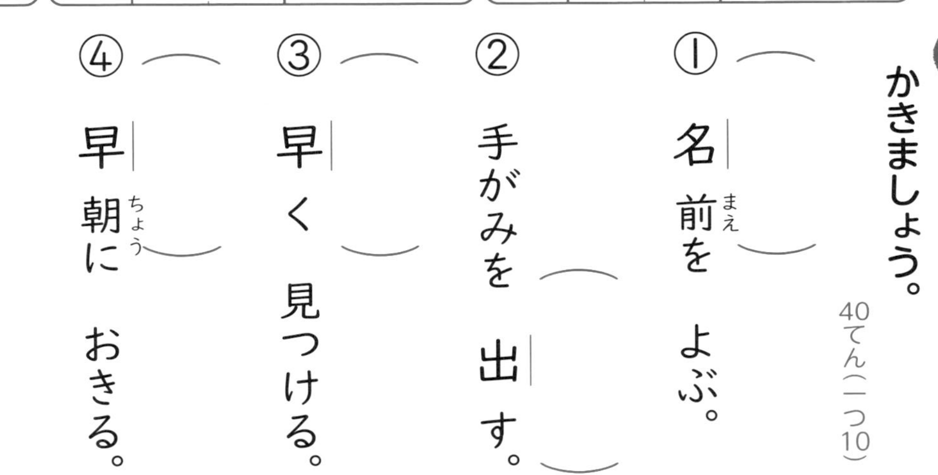

21ページ
名 な　メイ　ミョウ　（あける）
6画　名名名名名名
名前（なまえ）　名ふだ（なふだ）
名人（めいじん）　名文（めいぶん）　名字（みょうじ）
名（くち）

23ページ
出 でる　だす　シュツ　（つきでない）
5画　出出出出出
出る（でる）　出す（だす）
出火（しゅっか）　外出（がいしゅつ）
出（うけばこ）

26ページ
早 はやい　はやまる　はやめる　ソウ　（とめる）
6画　早早早早早早
早い（はやい）　早まる（はやまる）
早める（はやめる）　早春（そうしゅん）
早（ひ）

1 よみがなを かきましょう。　40てん（一つ10）

① 名（　）前（まえ）を よぶ。
② 手がみを 出（　）す。
③ 早（　）く 見つける。
④ 早（　）朝（ちょう）に おきる。

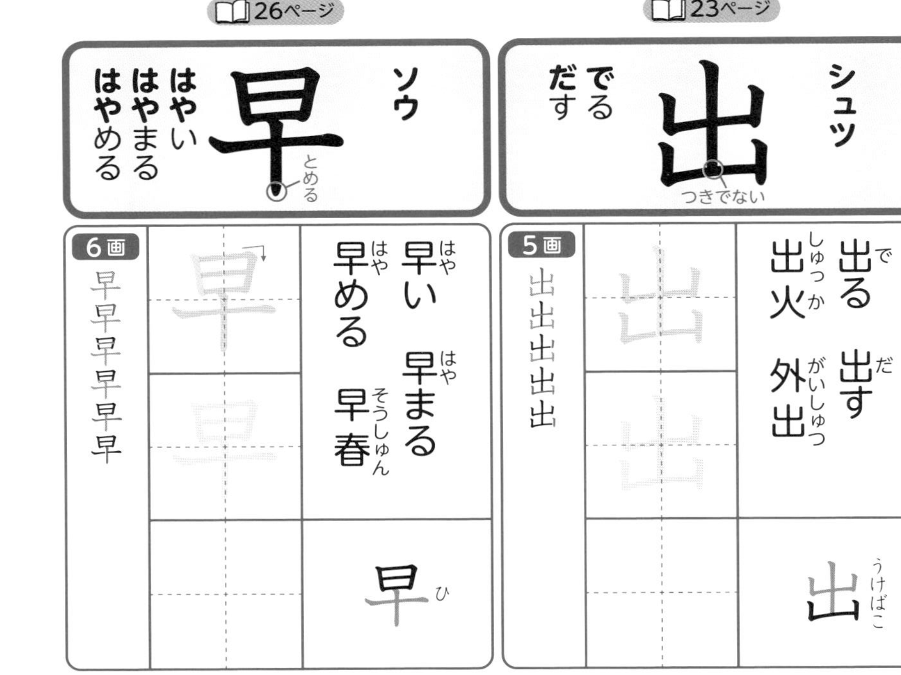

きょうかしょ 下 21～26ページ

うらの ページに つづくよ！

2 あてはまる　かんじを　かきましょう。

60てん(一つ10)

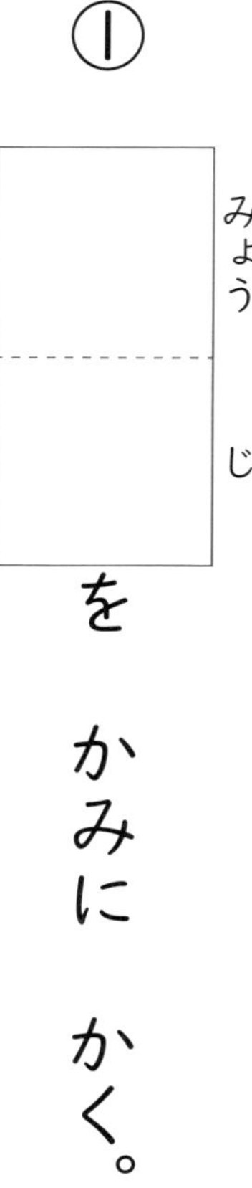

① [みょうじ]を　かみに　かく。

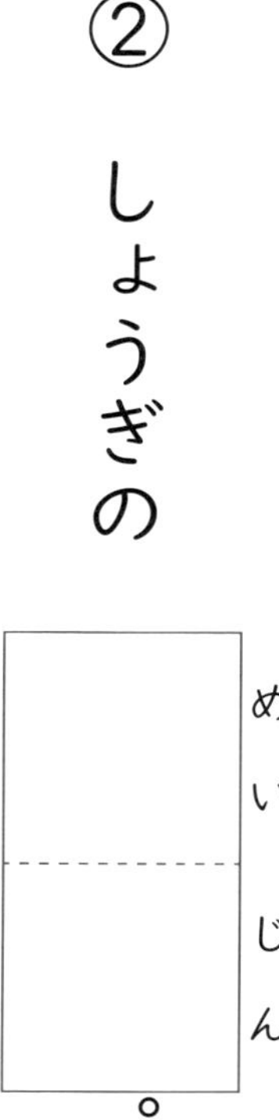

② しょうぎの[めいじん]。

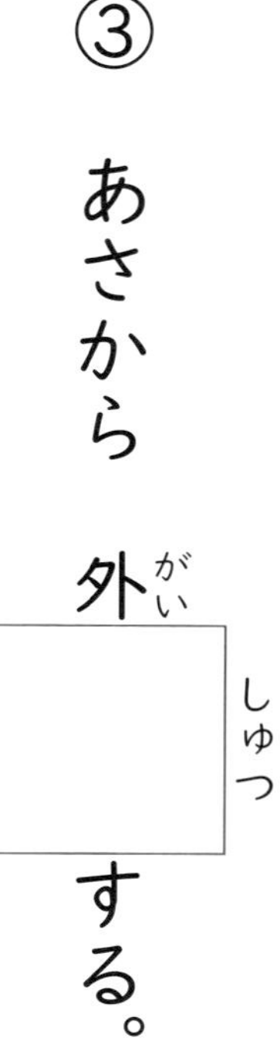

③ あさから　外(がい)[しゅつ]する。

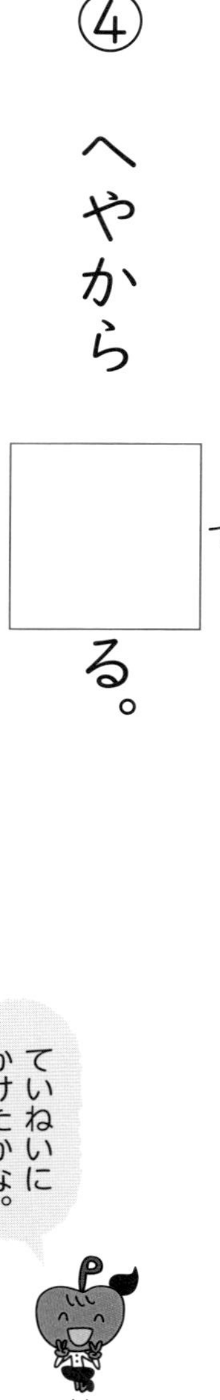

④ へやから[で]る。

⑤ [そう]朝(ちょう)に　目(め)が　さめる。

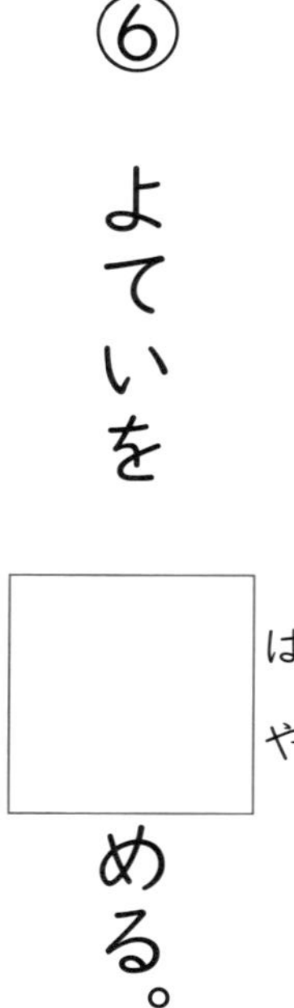

⑥ よていを[はや]める。

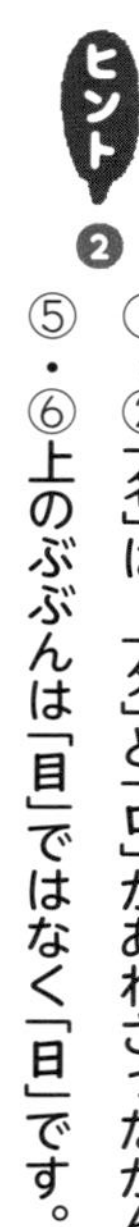

ヒント 2
①・②「名」は、「夕」と「口」があわさったかん字です。
⑤・⑥上のぶぶんは「日」ではなく「日」です。

きほんのドリル 26。 日づけと よう日 (1)

じかん15ふん　ごうかく80てん　/100

こたえ 86ページ

サクッと こたえ あわせ

月　日

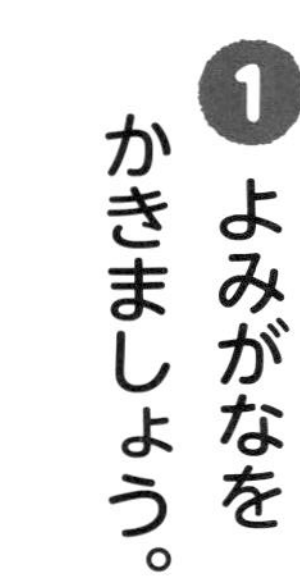

かいて おぼえよう！

金（28ページ）　キン　コン　かね　かな（ながく）

8画　金金金金金金金金

お金（かね）　金山（きんざん）　金あみ（かなあみ）　黄金（おうごん）　金（かね）

正（30ページ）　セイ　ショウ　ただしい　ただす　まさ（ながく）

5画　正正正正正

正しい（ただしい）　正かい（せいかい）　正ゆめ（まさゆめ）　正月（しょうがつ）　正（とめる）

1 よみがなを かきましょう。　40てん（一つ10）

① 金 よう日（　）

② 正月（　）を むかえる。

③ 一月（　） 一日（　）

④ 二月（　） 二十日（　）

よんで おぼえよう！

●…とくべつな よみかたを する かん字

教28ページ	一日（ついたち）
教28ページ	二日（ふつか）
教28ページ	二十日（はつか）

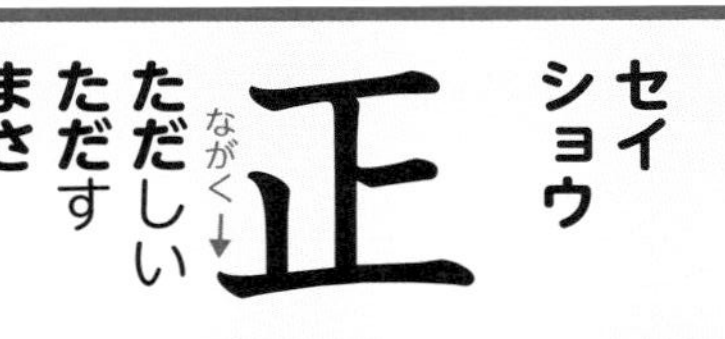

とくべつな よみかたを する かん字を 正しく よめるように なろう。

きょうかしょ　下28～30ページ

うらの ページに つづくよ！

2 あてはまる　かん字を　かきましょう。

60てん（一つ10）

① みせで　お［かね］を　はらう。

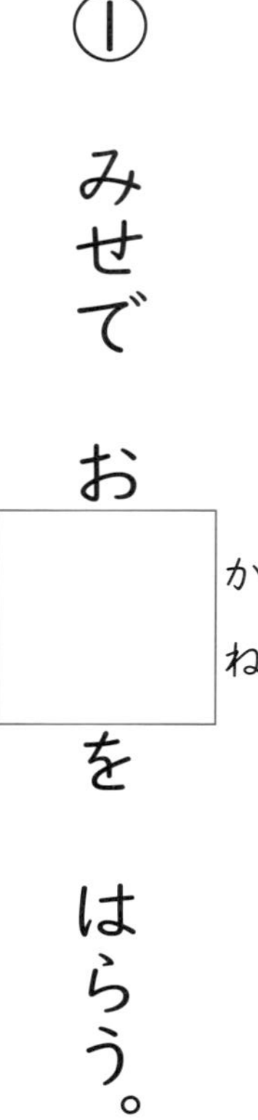

② 黄（おう）［ごん］の　たから。

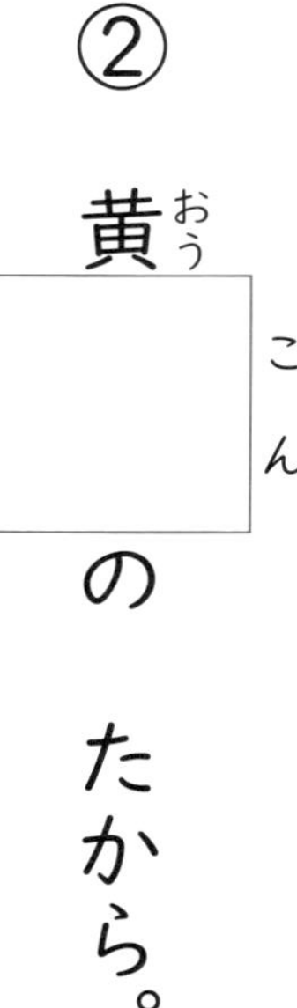

③ 学校（がっこう）の　［せい］門（もん）。

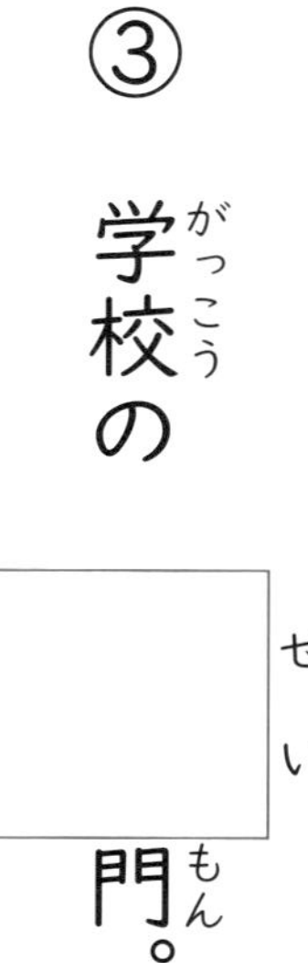

④ ［ただ］しい　こたえを　かく。

⑤ ［まさ］ゆめを　見る。

⑥ ［ふつか］目（め）が　はじまる。

かきじゅんに
ちゅういしようね。

ヒント　2　③〜⑤よみかたのちがいに気（き）をつけましょう。

きほんのドリル 27。 日づけと よう日 (2)

月　日

かいて おぼえよう！

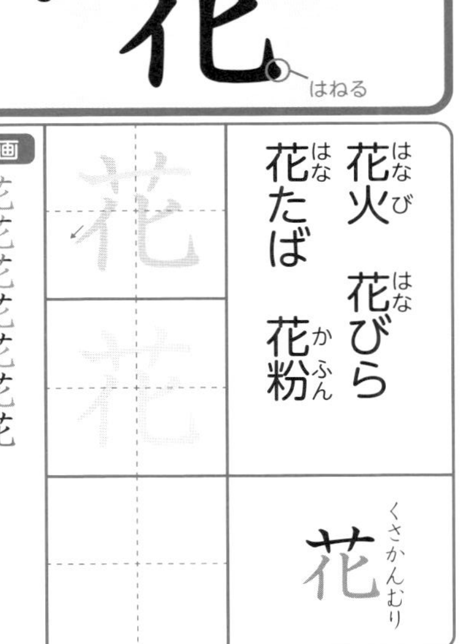

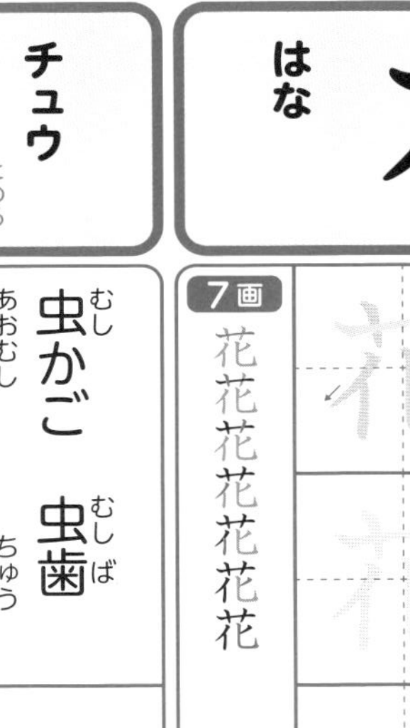

30ページ
花 はな カ
はねる
7画
花花花花花花花
花火（はなび） 花びら（はなびら）
花たば（はなたば） 花粉（かふん）
花 くさかんむり

30ページ
虫 むし チュウ
とめる
6画
虫虫虫虫虫虫
虫かご（むしかご） 虫歯（むしば）
青虫（あおむし） こん虫（こんちゅう）
虫 むし

1 よみがなを かきましょう。 40てん（一つ10）

① 花見に いく。（　　）

② 白い 花びん。（　　）

③ 虫かごを もつ。（　　）

④ こん虫を とる。（　　）

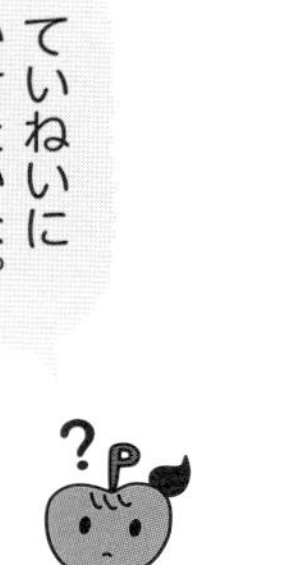

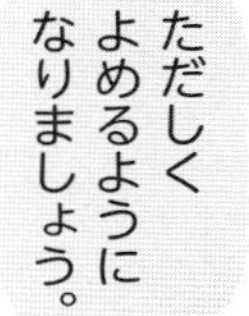

きょうかしょ 下30ページ

うらの ページに つづくよ！

❷ あてはまる　かん字を　かきましょう。

60てん(一つ10)

① □(か)だんの　手入(い)れを　する。

② きれいな　□(はな)かご。

③ おし□(ばな)を　つくる。

④ あげはちょうの　よう□(ちゅう)。

⑤ □(むし)とりあみを　もつ。

⑥ いも□(むし)を　つかまえる。

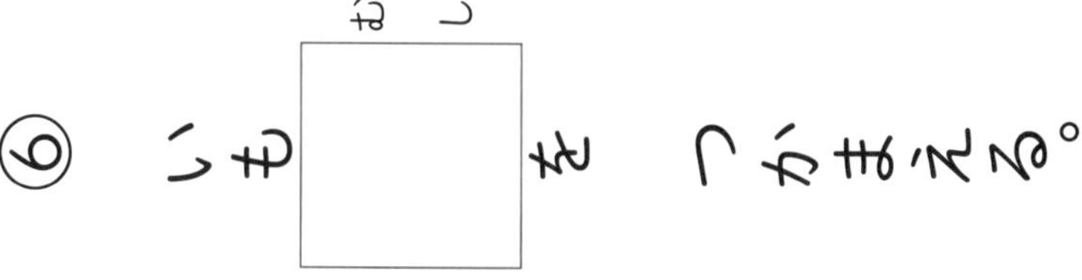

ヒント ❷ ④〜⑥へびのようにからだをくねらせているむしのかたちをあらわしたかん字です。

まとめのドリル 28。 しらせたいな、いきもののひみつ～ 日づけと よう日

1 かん字の よみがなを かきましょう。 50てん（一つ5）

① きれいな 花を 見る。

② 九月 一日は、たん生(じょう)日だ。

③ ながい 文しょうを よむ。

④ かぶと 虫を つかまえる。

⑤ 金よう日は いつも 早おきする。

⑥ 車に のって 出かける。

⑦ 白ゆきひめの ものがたり。

きょうかしょ 下8～30ページ

うらの ページに つづくよ！

2 あてはまる　かん字を　かきましょう。〔　〕には　かん字と　ひらがなを　かきましょう。

50てん（1つ5）

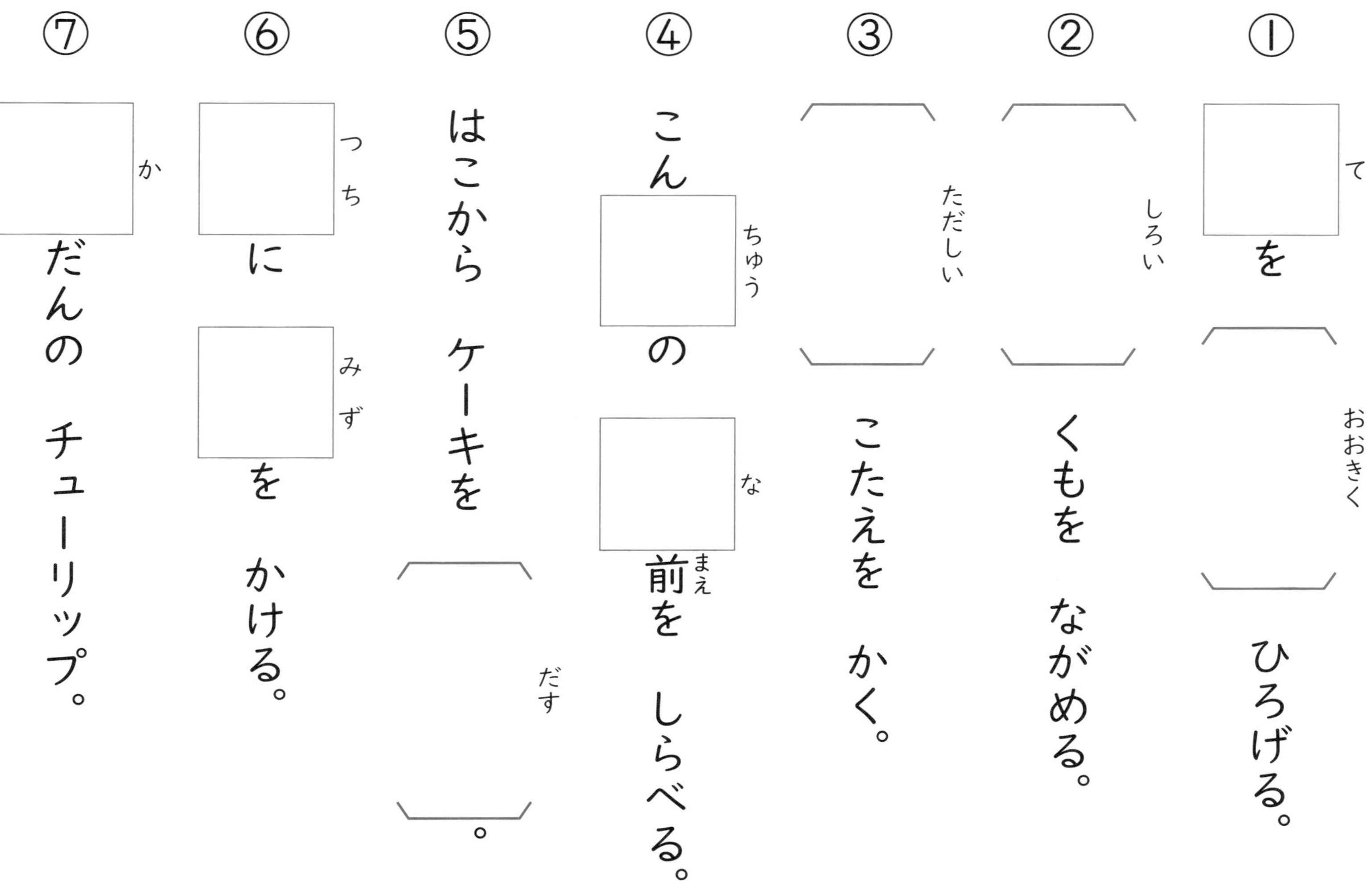

①　□（て）を　〔　　〕（おおきく）　ひろげる。

②　〔　　〕（しろい）　くもを　ながめる。

③　〔　　〕（ただしい）　こたえを　かく。

④　こん□（ちゅう）の　□（な）前（まえ）を　しらべる。

⑤　はこから　ケーキを　〔　　〕（だす）。

⑥　□（つち）に　□（みず）を　かける。

⑦　□（か）だんの　チューリップ。

きほんのドリル 29。 うみへの ながい たび (1)

じかん 15ふん　ごうかく80てん　/100　月　日

サクッとこたえあわせ　こたえ 86ページ

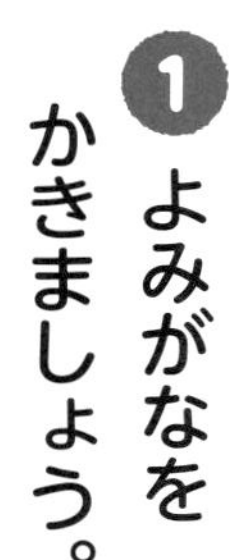

かいて おぼえよう！

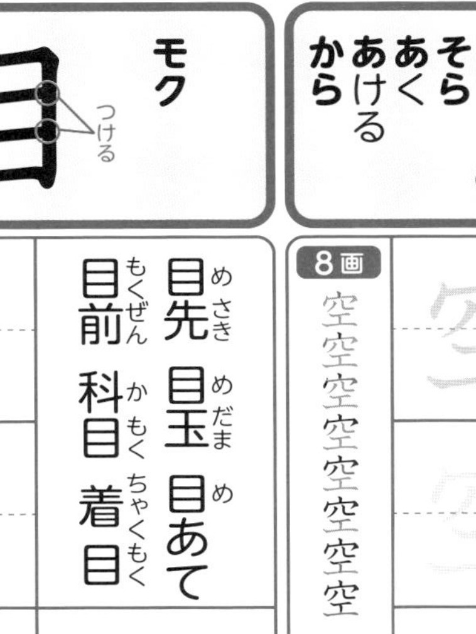

	青	空	目
ページ	33ページ	33ページ	33ページ
音	セイ	クウ	モク
訓	あお・あおい	そら・あく・あける・から	め
ちゅうい	とめる・はねる・とめる	ながく	つける
画数	8画	8画	5画
ことば	青空（あおぞら）　青白い（あおじろい）　青い（あおい）　青年（せいねん）　青春（せいしゅん）	青空（あおぞら）　空く（あく）　空ける（あける）　空手（からて）　空中（くうちゅう）	目先（めさき）　目玉（めだま）　目あて（めあて）　目前（もくぜん）　科目（かもく）　着目（ちゃくもく）
部首	青（あお）	空（あなかんむり）	目（め）

1 よみがなを かきましょう。 40てん（一つ10）

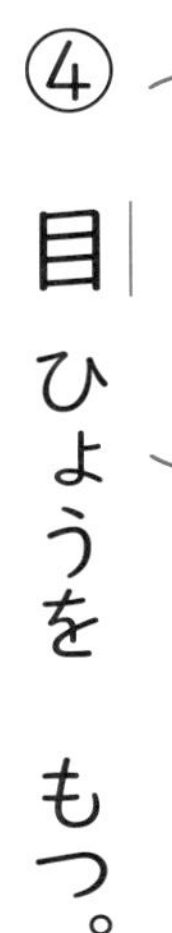

① 青い ぼうし。（　　）

② 空を 見上げる。（　　）

③ 目を あける。（　　）

④ 目ひょうを もつ。（　　）

きょうかしょ 下 33ページ

うらの ページに つづくよ！

2 あてはまる　かん字を　かきましょう。

60てん(一つ10)

① きれいな 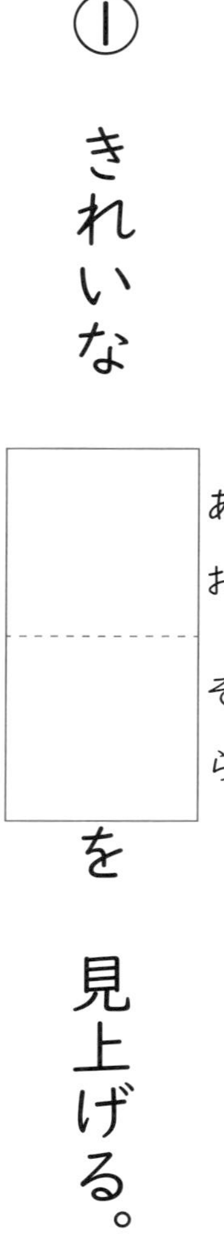 を　見上げる。

② たくましい 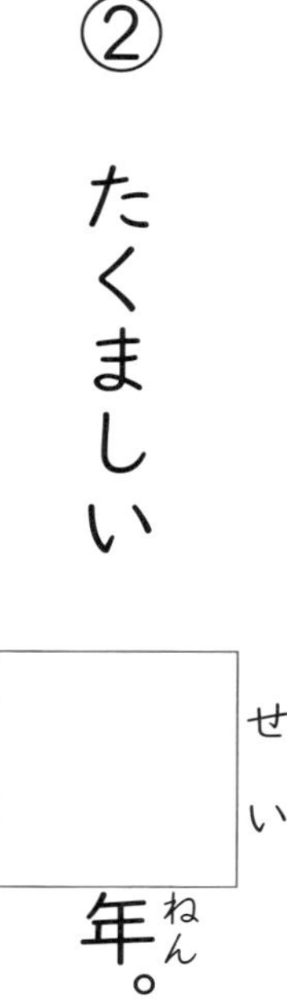 年。

③ ふうせんに 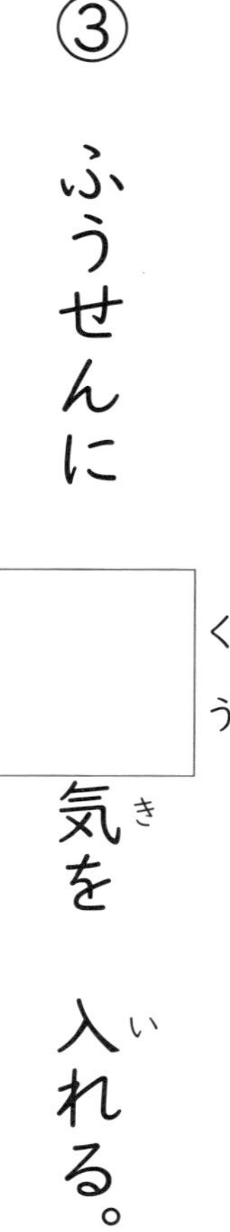 気を　入れる。

④ せきが　一つ 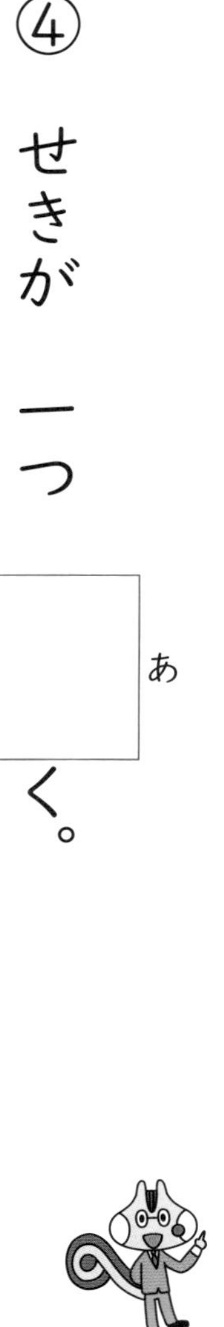 く。

⑤ 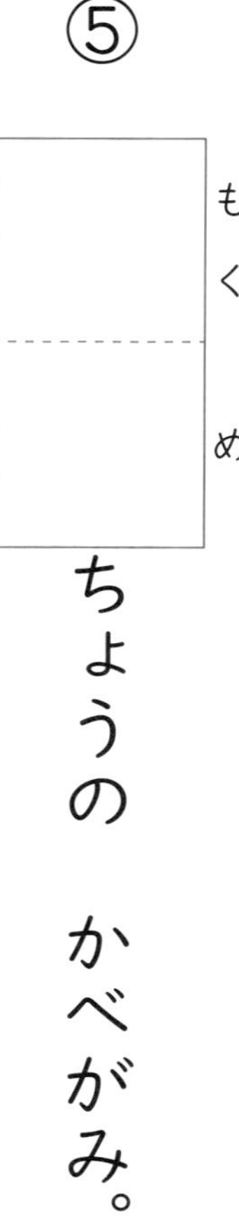 ちょうの　かべがみ。

⑥ ちゅう  を　あつめる。

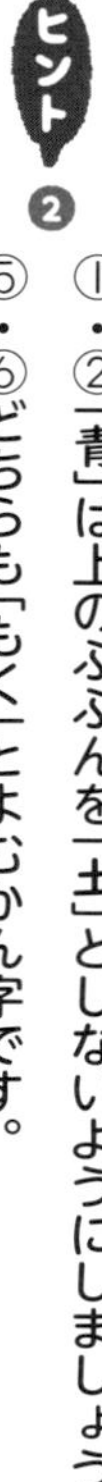

ヒント 2
①・②「青」は上のぶぶんを「土」としないようにしましょう。
⑤・⑥どちらも「もく」とよむかん字です。

きほんのドリル 30。

うみへの ながい たび (2)

じかん 15ふん
ごうかく80てん
/100
サクッと こたえ あわせ
こたえ 86ページ
月 日

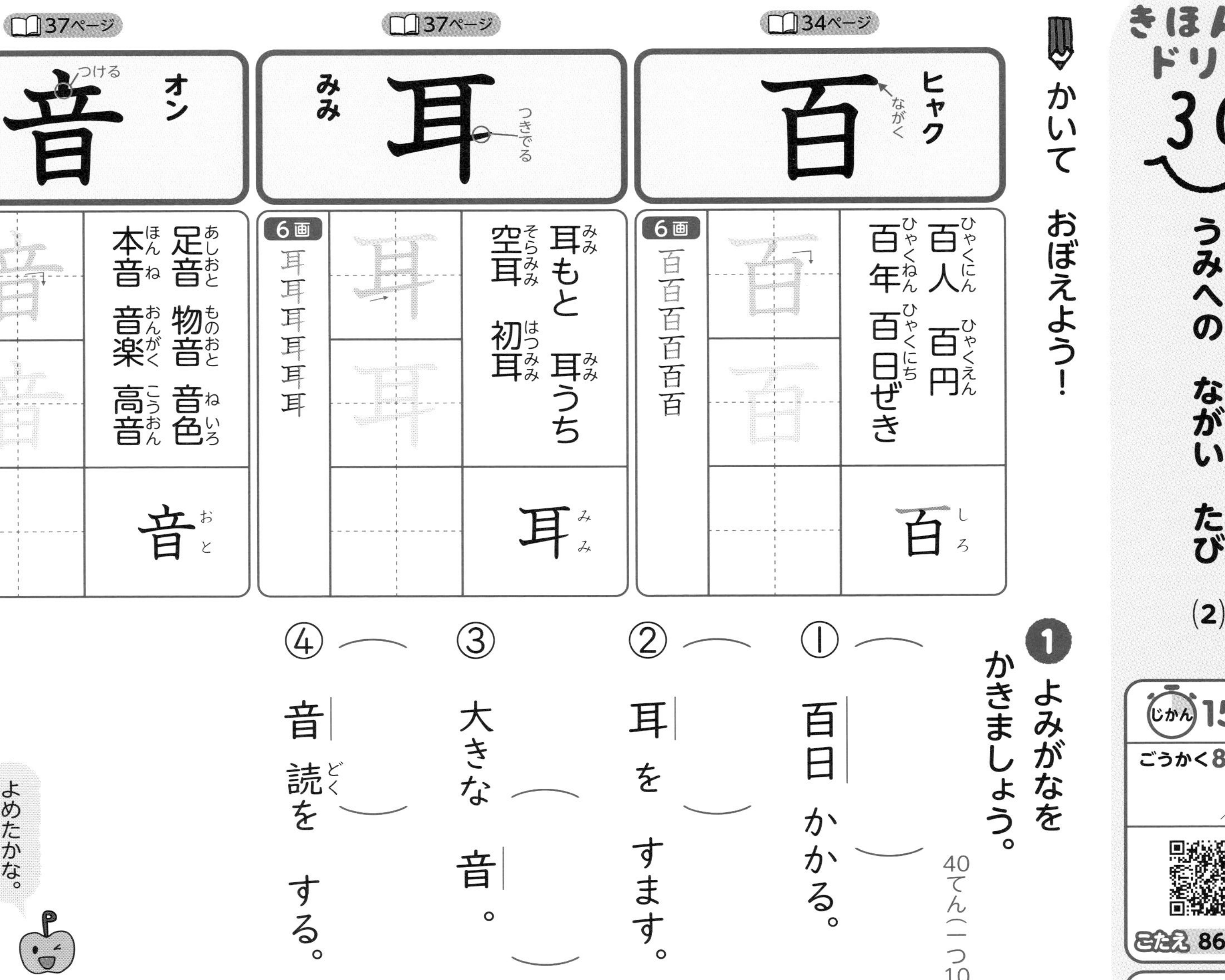

かいて おぼえよう！

34ページ
百 ヒャク
百人（ひゃくにん） 百円（ひゃくえん） 百年（ひゃくねん） 百日（ひゃくにち）ぜき
白（しろ）
6画

37ページ
耳 みみ
耳（みみ）もと 耳（みみ）うち 空耳（そらみみ） 初耳（はつみみ）
耳（みみ）
6画

37ページ
音 オン おと ね
足音（あしおと） 物音（ものおと） 音色（ねいろ） 本音（ほんね） 音楽（おんがく） 高音（こうおん）
音（おと）
9画

1 よみがなを かきましょう。 40てん（一つ10）

① 百日（　　） かかる。

② 耳（　　）を すます。

③ 大きな 音（　　）。

④ 音（　　）読（どく）を する。

よめたかな。

きょうかしょ 下34～37ページ

うらの ページに つづくよ！

❷ あてはまる　かん字を　かきましょう。

60てん（一つ10）

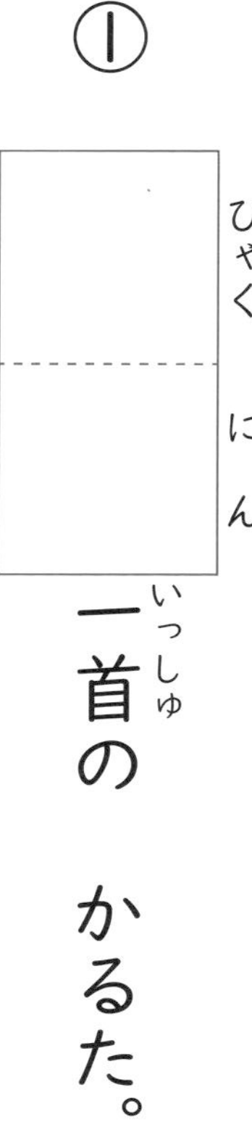
① □□（ひゃくにん）一首（いっしゅ）の　かるた。

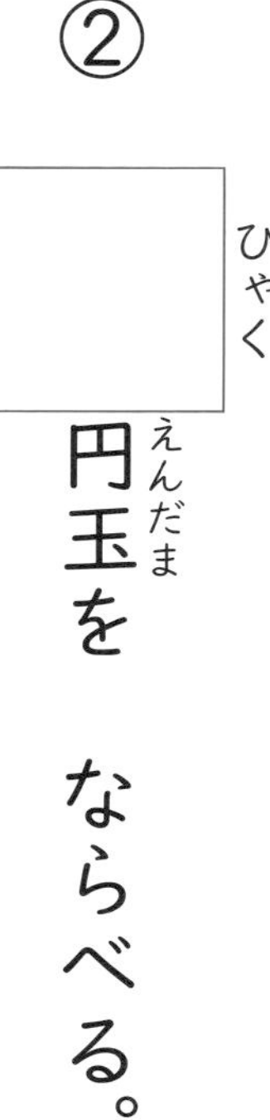
② □（ひゃく）円玉（えんだま）を　ならべる。

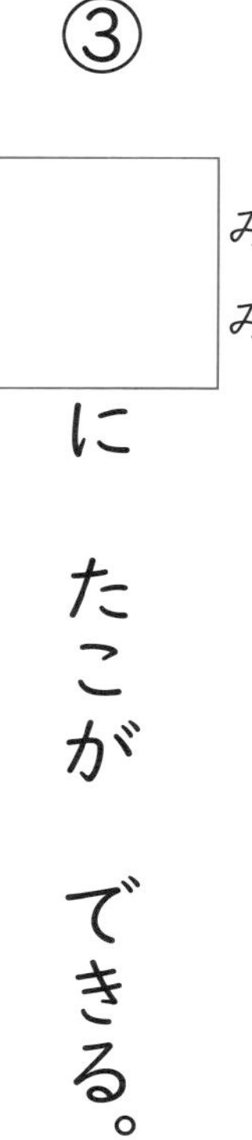
③ □（みみ）に　たこが　できる。

④ うつくしい　□（ね）色（いろ）。

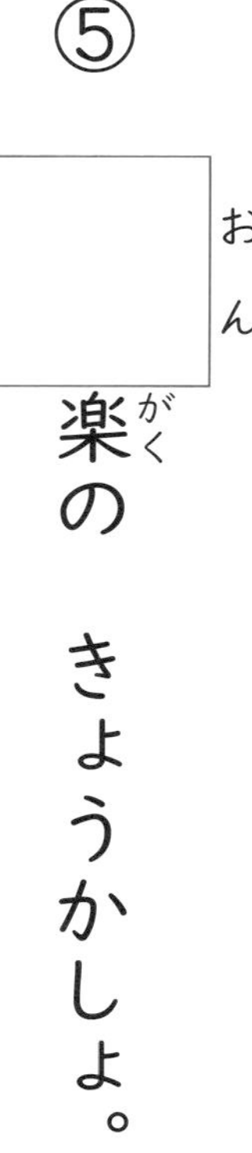
⑤ □（おん）楽（がく）の　きょうかしょ。

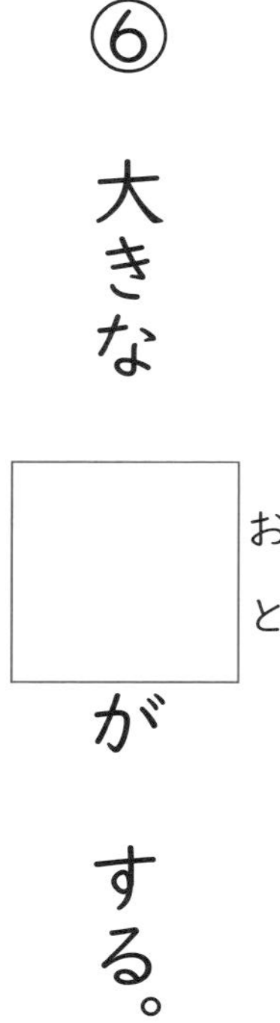
⑥ 大きな　□（おと）が　する。

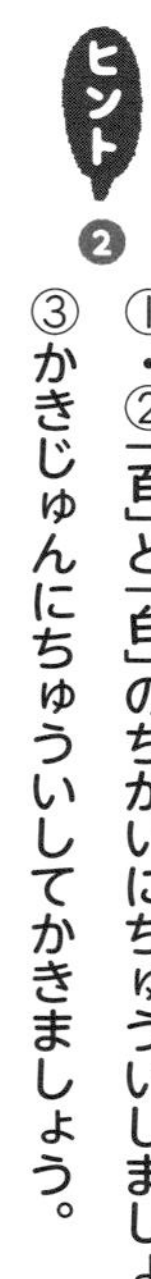
ヒント ❷
①・②「百」と「白」のちがいにちゅういしましょう。
③かきじゅんにちゅういしてかきましょう。

きほんのドリル 31。 うみへの ながい たび (3)

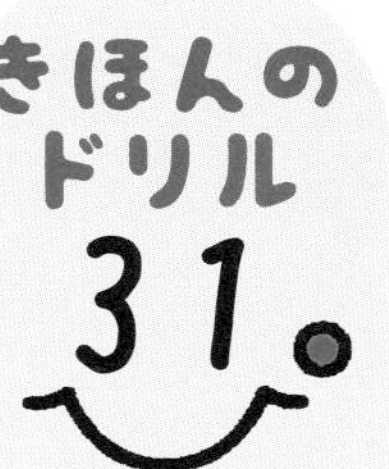

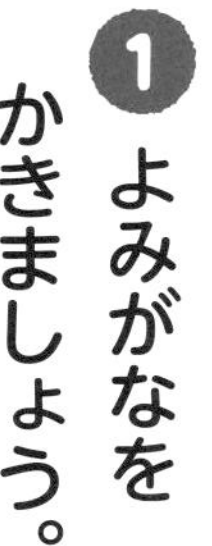

かいて おぼえよう！

40ページ

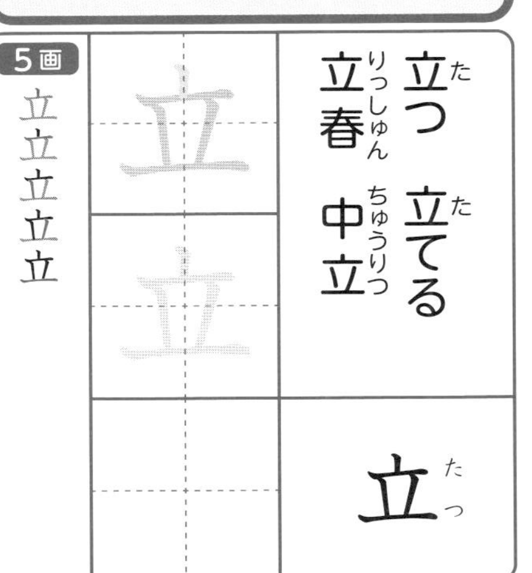

立 たつ たてる リツ （ながく）

5画 立立立立立

立つ(たつ)　立てる(たてる)　立春(りっしゅん)　中立(ちゅうりつ)　立(た)つ

44ページ

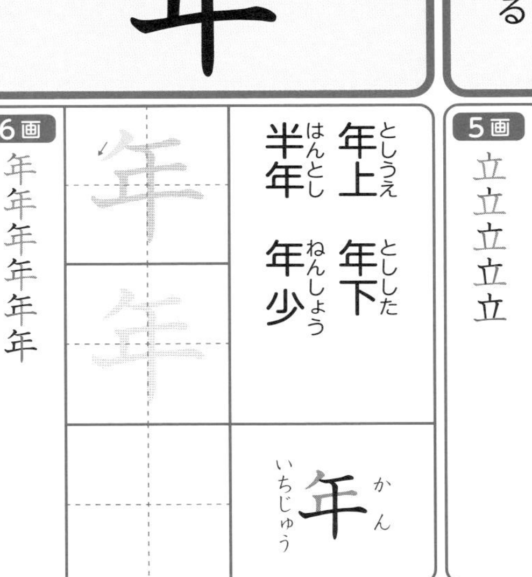

年 とし ネン （つき出ない）

6画 年年年年年年

年上(としうえ)　年下(としした)　半年(はんとし)　年少(ねんしょう)　年(かん)（いちじゅう）

45ページ

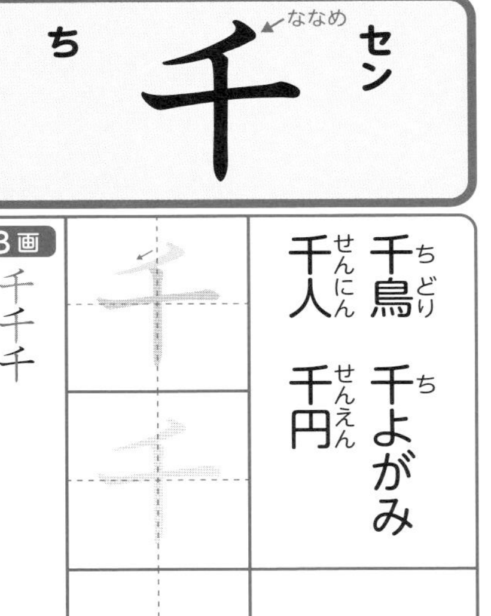

千 ち セン （ななめ）

3画 千千千

千鳥(ちどり)　千よがみ(ち)　千人(せんにん)　千円(せんえん)　千(じゅう)

1 よみがなを かきましょう。 40てん(一つ8)

① うしろに 立つ。

② 中立(ちゅう)を まもる。

③ 二年の 月日。

④ 年を かさねる。

⑤ 千よがみを おる。

← うらの ページに つづくよ！

きょうかしょ 下40〜45ページ

❷ あてはまる　かん字を　かきましょう。

60てん（1つ10）

① 白い　はたを　□（た）てる。

② き□（りつ）、れい。

③ □（とし）こしそばを　たべる。

④ □（ねん）がじょうを　もらう。

⑤ 七五三の　□（ち）とせあめ。

⑥ □（せん）羽（ば）づるを　おる。

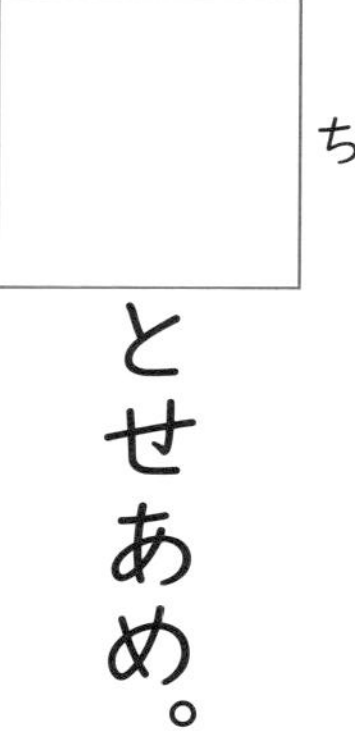

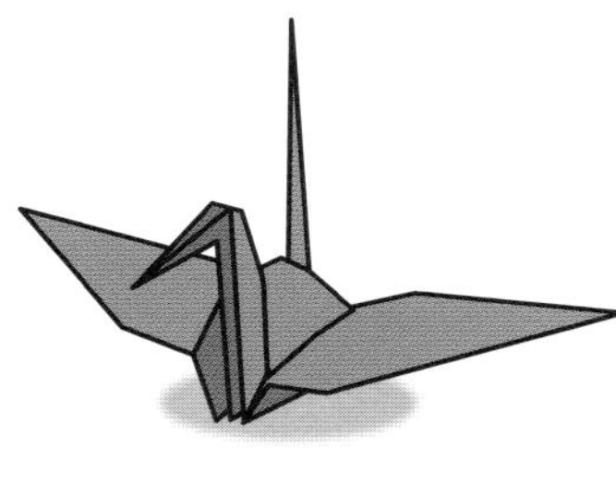

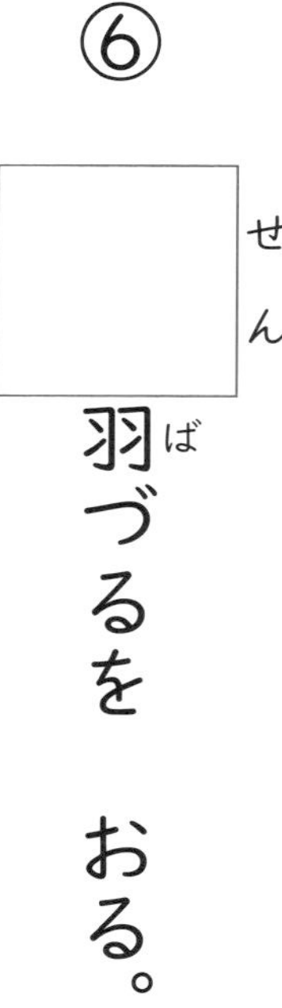

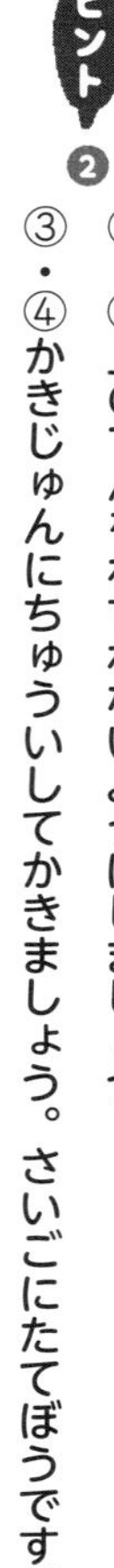

ヒント ❷

①・②上のてんをわすれないようにしましょう。

③・④かきじゅんにちゅういしてかきましょう。さいごにたてぼうです。

きほんのドリル 32。

うみへの ながい たび (4) 天に のぼった おけやさん

かいて おぼえよう！

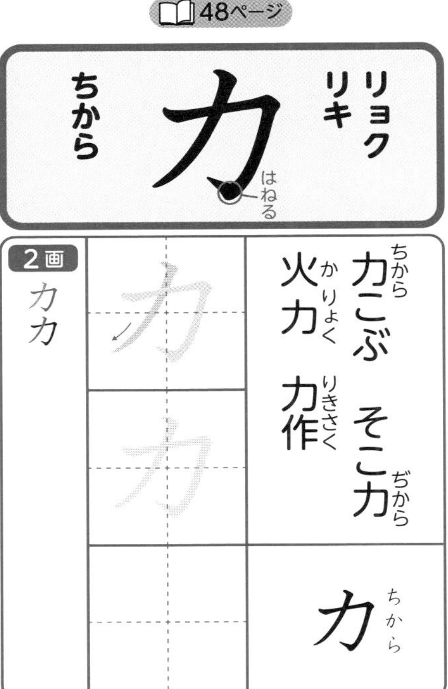

1 よみがなを かきましょう。 40てん(一つ10)

① 力（　　）を あわせる。

② 強（きょう）力（　　）な みかた。

③ 天（　　）まで 上る。

④ きれいな 天（　　）の川。

「カ」は かたかなの「カ」と おなじ かたちだね。

うらの ページに つづくよ！

きょうかしょ 下48～54ページ

2 あてはまる　かん字を　かきましょう。

60てん（一つ10）

① □□（かりょく）が　つよい。

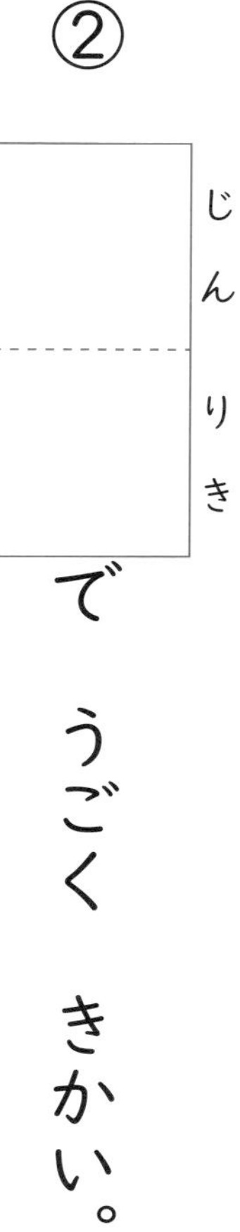

② □□（じんりき）で　うごく　きかい。

③ □（ちから）を　こめて　おす。

④ □（てん）気（き）が　よい　一日。

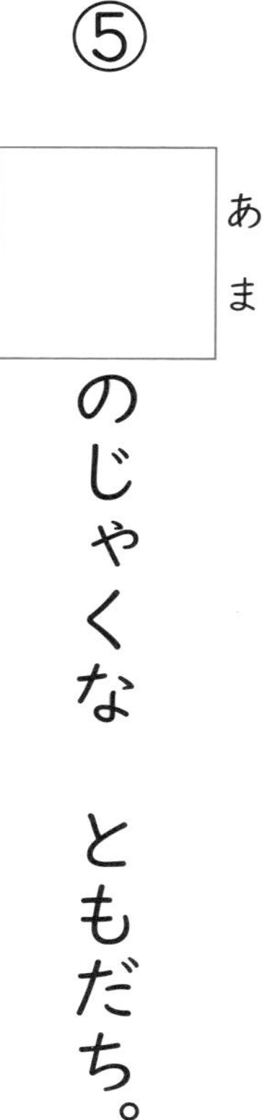

⑤ □（あま）のじゃくな　ともだち。

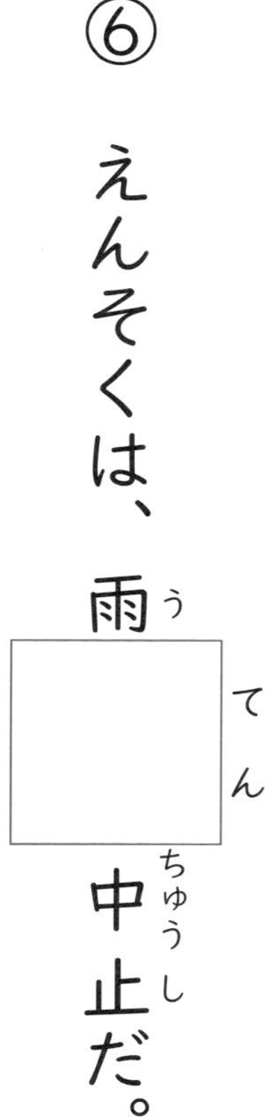

⑥ えんそくは、雨（う）□（てん）中止（ちゅうし）だ。

ぜんぶ　かけたら、
みなおそう。

ヒント　2 ④〜⑥上のよこぼうのほうがながいことにちゅういしましょう。

かたかな

じかん 15ふん
ごうかく80てん
/100
サクッとこたえあわせ
こたえ 87ページ
月　日

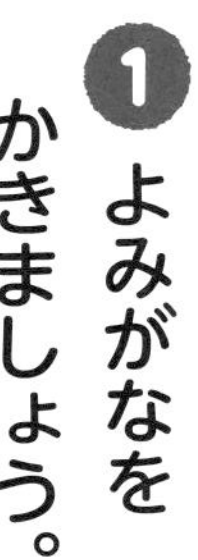

かいて　おぼえよう！

56ページ

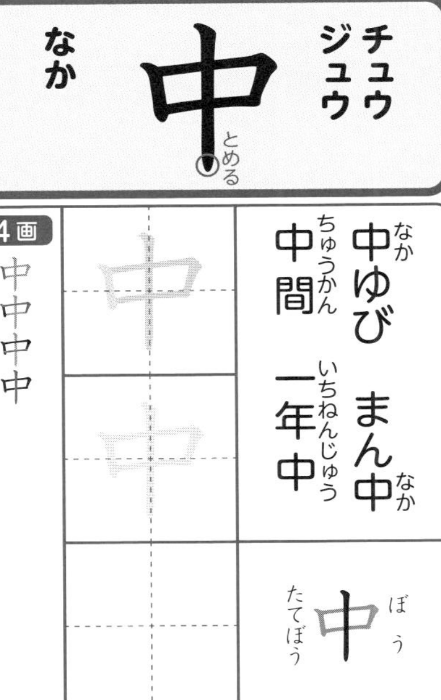

中 チュウ ジュウ なか（とめる）

中（なか）ゆび　まん中（なか）
中間（ちゅうかん）　一年中（いちねんじゅう）

中（たてぼう）

4画　中中中中

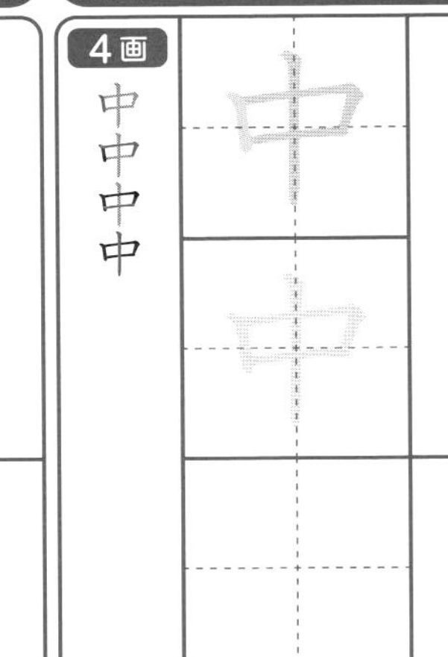

57ページ

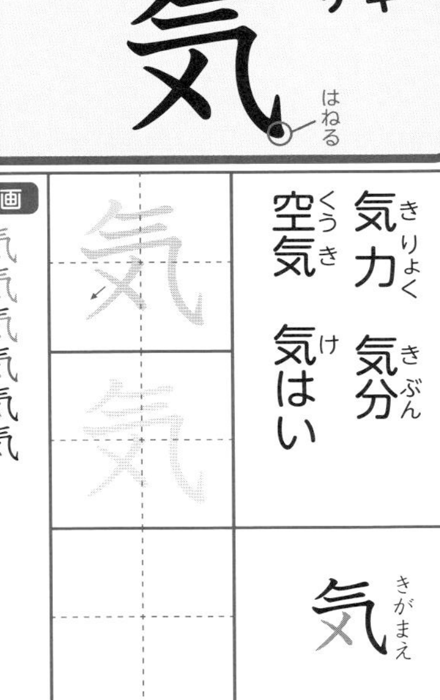

気 ケ キ（はねる）

気力（きりょく）　気分（きぶん）
空気（くうき）　気（け）はい

気（きがまえ）

6画　気気気気気気

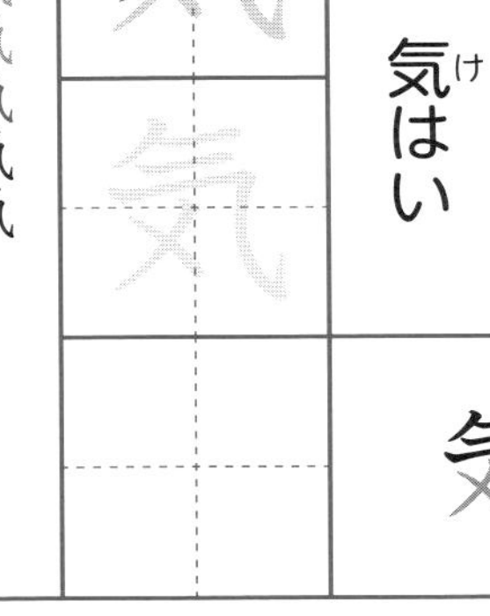

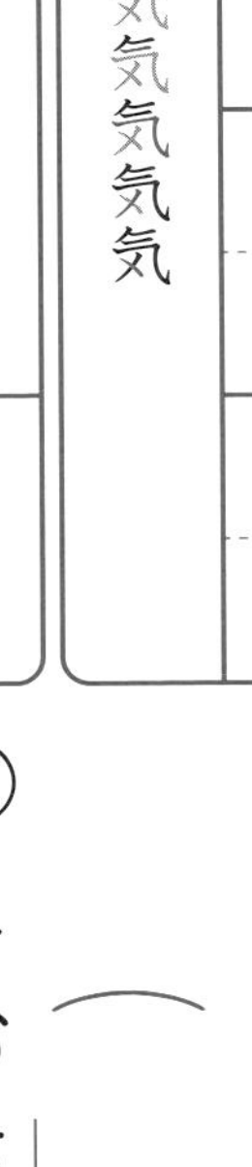

57ページ

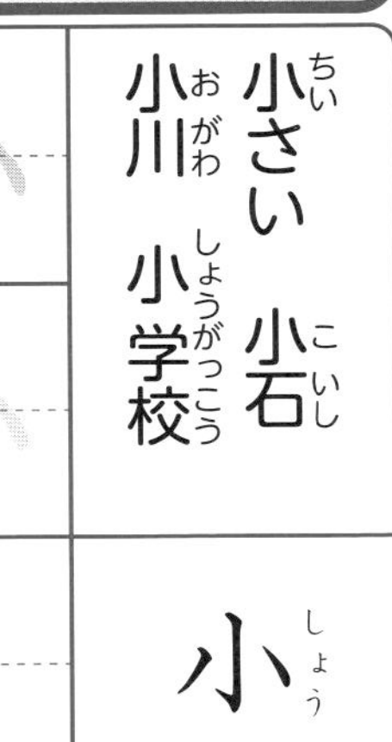

小 ショウ ちいさい こ お（とめる・はねる）

小（ちい）さい　小石（こいし）
小川（おがわ）　小学校（しょうがっこう）

小（しょう）

3画　小小小

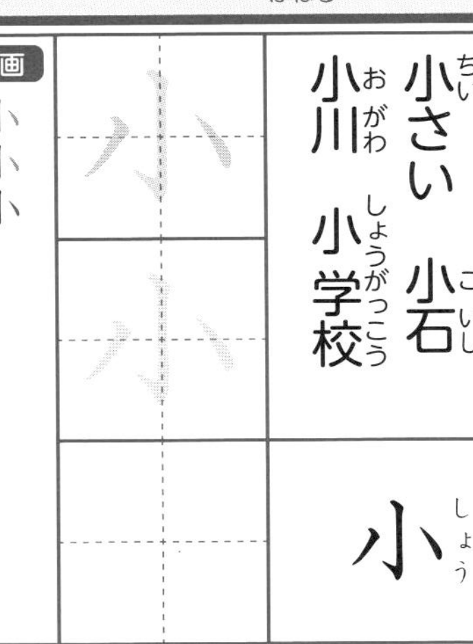

1 よみがなを かきましょう。　40てん（一つ8）

① きょうしつの 中。（　　）

② 空中を あるく。（　　）

③ 気を つけて わたる。（　　）

④ さむ気が する。（　　）

⑤ 小さく つぶやく。（　　）

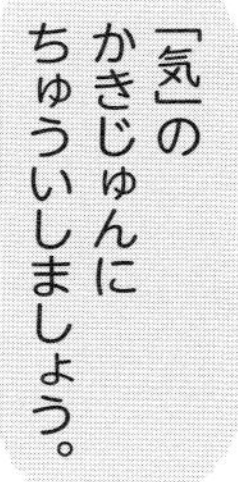

きょうかしょ 下 56～57ページ

うらの ページに つづくよ！

2 あてはまる　かん字を　かきましょう。

60てん(1つ10)

① 一日［じゅう］おしゃべりする。

② 町(まち)の［ちゅう］心(しん)に　ある　たてもの。

③ ［みず］［け］が　おおい　くだもの。

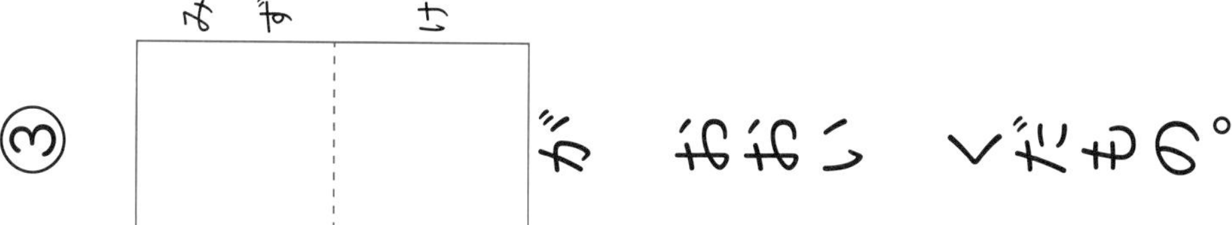

④ ［き］分(ぶん)の　よい　日だ。

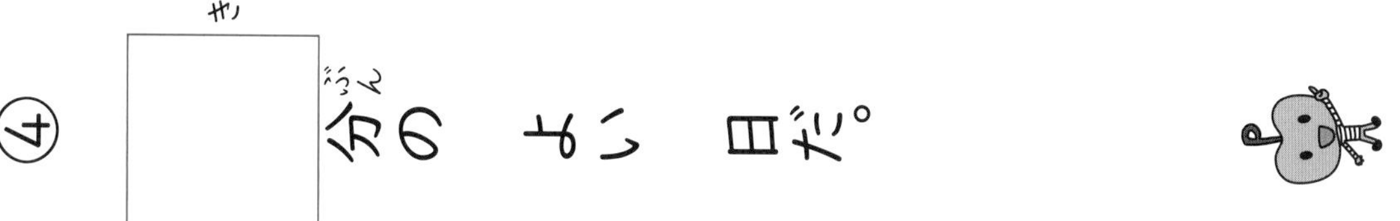

⑤ 村(むら)はずれの［こ］［やま］に　のぼる。

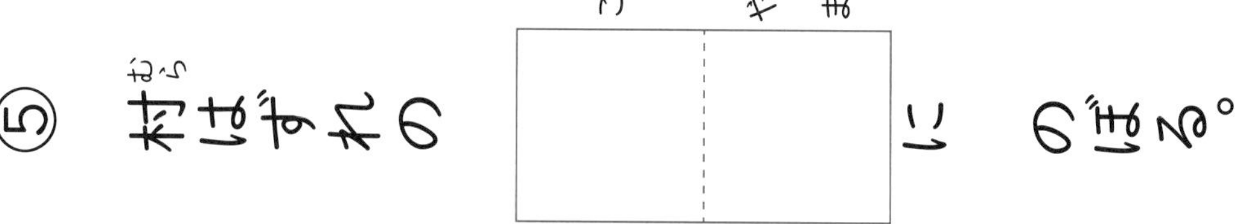

⑥ ちかくの［しょう］学校(がっこう)に　かよう。

ヒント **2**
①「ちゅう」ではなく「じゅう」です。
③・④「気」は、はねるところと、とめるところにちゅういしましょう。

まとめのドリル 34。 うみへの ながい たび〜 かたかな

じかん 20ぷん

ごうかく 80てん

/100

サクッと こたえあわせ

こたえ 87ページ

月　日

1 かん字の よみがなを かきましょう。 50てん（一つ5）

① 音楽（がく）に 耳を すます。

② きれいな 青空が ひろがる。

③ 大きな 目ひょうを 立てる。

④ 力の つよい 青年。

⑤ きれいな 天の川が 見える。

⑥ 小川の せせらぎが きこえる。

⑦ 空中を ひらひら ちょうが まう。

うらの ページに つづくよ！

2 あてはまる　かん字を　かきましょう。〔　〕には　かん字と　ひらがなを　かきましょう。

50てん（一つ5）

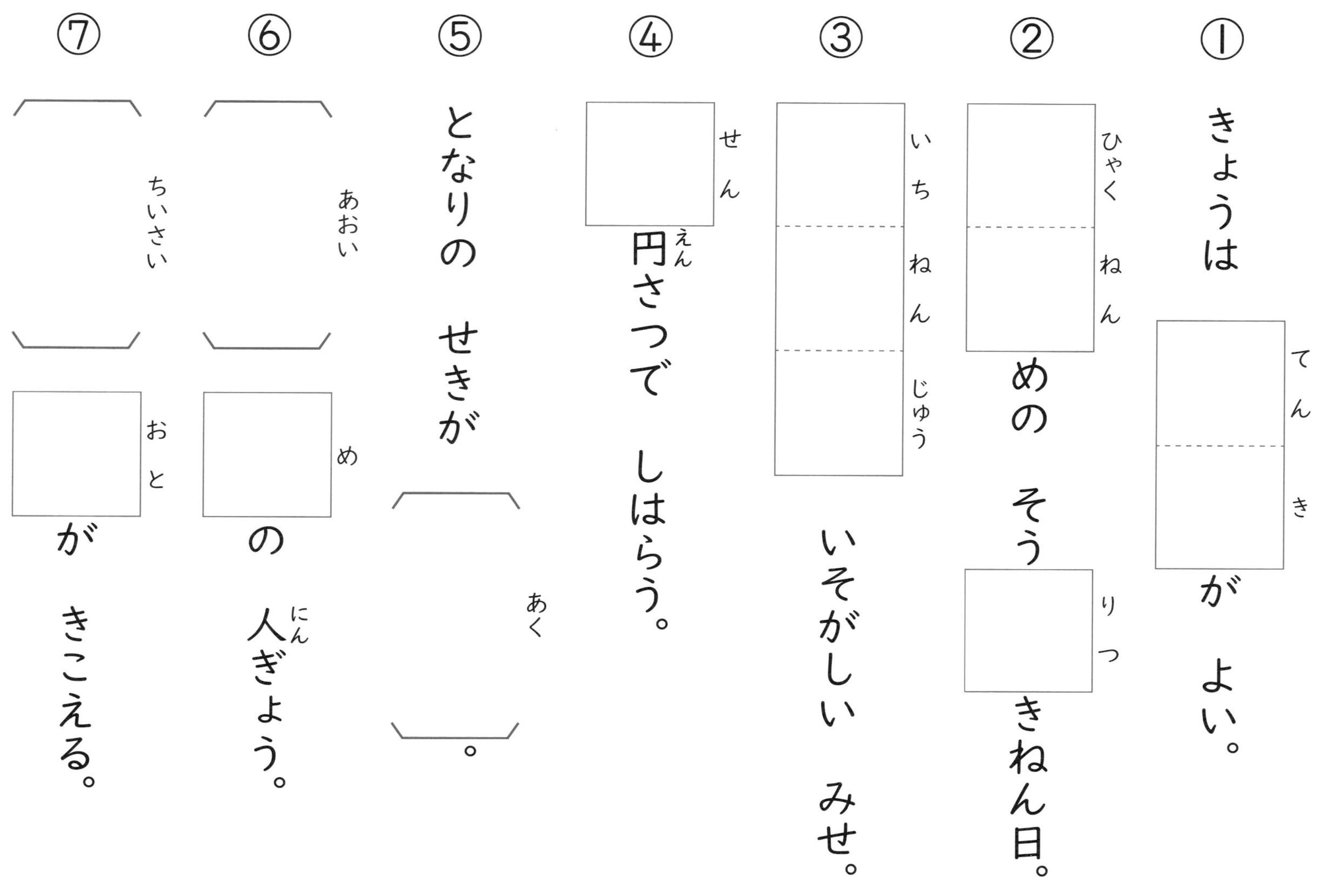

①　きょうは　［てんき］が　よい。

②　［ひゃくねん］めの　そう　［りつ］きねん日。

③　［いちねんじゅう］　いそがしい　みせ。

④　［せん］円さつで　しはらう。

⑤　となりの　せきが　〔あく〕。

⑥　〔あおい〕［め］の　人ぎょう。

⑦　〔ちいさい〕［おと］が　きこえる。

きほんのドリル 35 かん字の よみかた (1)

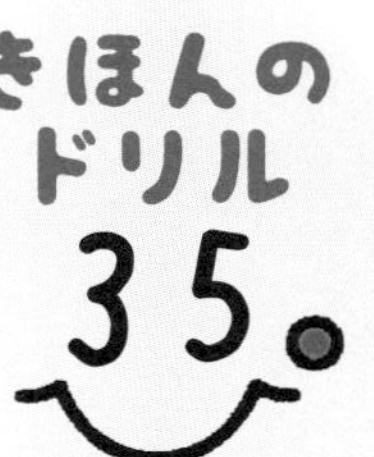

じかん 15ふん
ごうかく80てん
/100
サクッと こたえ あわせ
こたえ 87ページ
月 日

かいて おぼえよう！

58ページ
本 ホン もと（あける）
5画 本本本本本
手本(てほん) 本日(ほんじつ) 二本(にほん) はた本(もと)
本(き)

59ページ
竹 チク たけ（はねる）
6画 竹竹竹竹竹竹
竹(たけ)やぶ 青竹(あおだけ) 竹林(ちくりん) 竹(ちく)わ
竹(たけ)

59ページ
糸 シ いと（とめる）
6画 糸糸糸糸糸糸
毛糸(けいと) たこ糸(いと) 綿糸(めんし)
糸(いと)

1 よみがなを かきましょう。 40てん(一つ10)

① 本日の こんだて。（ ）

② 竹とんぼ（ ）

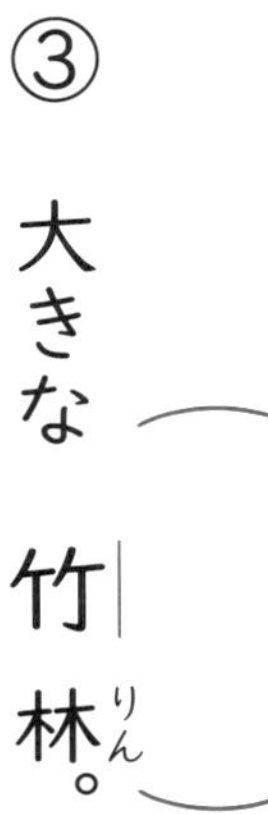

③ 大きな 竹林(りん)。（ ）

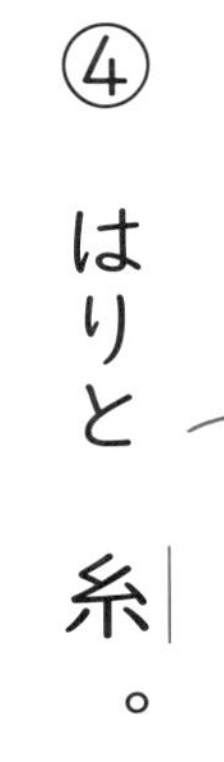

④ はりと 糸。（ ）

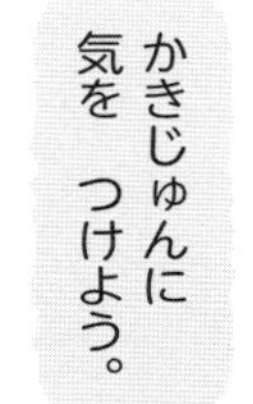

うらの ページに つづくよ！

2 あてはまる　かん字を　かきましょう。

60てん(一つ10)

① ついに［ほんき］を　出す。

② はた［もと］の　さむらい。

③ ［たけ］やぶに　入(はい)る。

④ 大きな　［ちく］林(りん)。

⑤ ［いっし］みだれず　こうしんする。

⑥ 赤(あか)い　毛(け)［いと］玉(だま)。

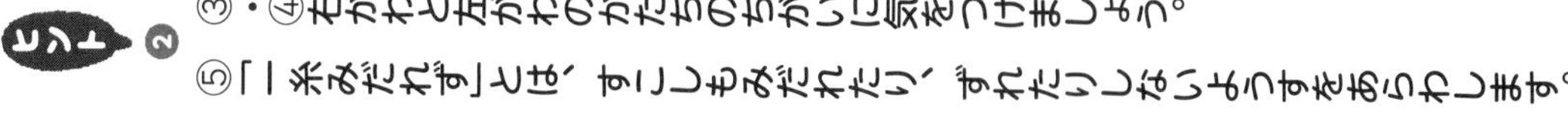

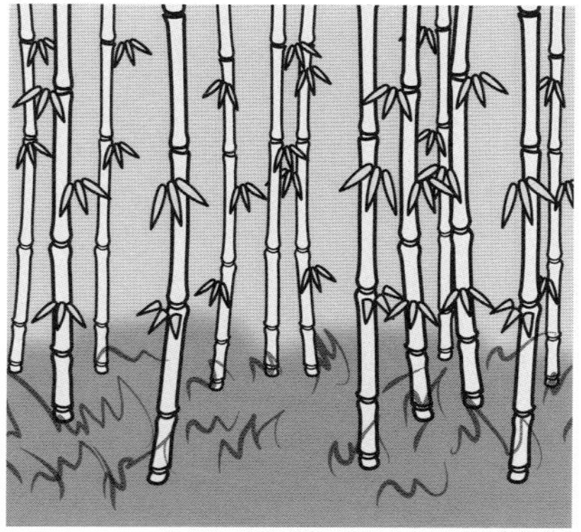

ヒント 2
③・④右(みぎ)がわと左(ひだり)がわのかたちのちがいに気をつけましょう。
⑤「一糸みだれず」とは、すこしもみだれたり、ずれたりしないようすをあらわします。

きほんのドリル 36。 かん字の よみかた (2)

じかん 15ふん
ごうかく80てん
/100
サクッと こたえ あわせ
こたえ 87ページ
月 日

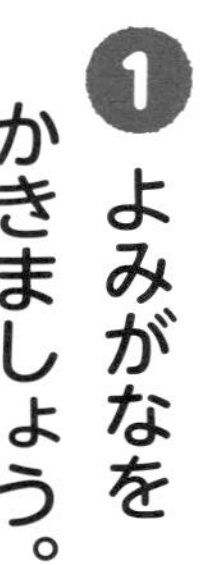

かいて おぼえよう！

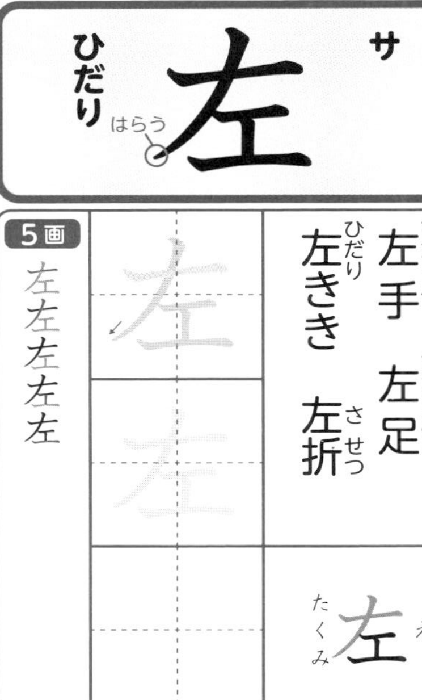

📖59ページ

左 サ ひだり（はらう）

5画 左左左左左

左手（ひだりて） 左足（ひだりあし） 左きき（ひだりきき） 左折（させつ）

左（たくみ）え

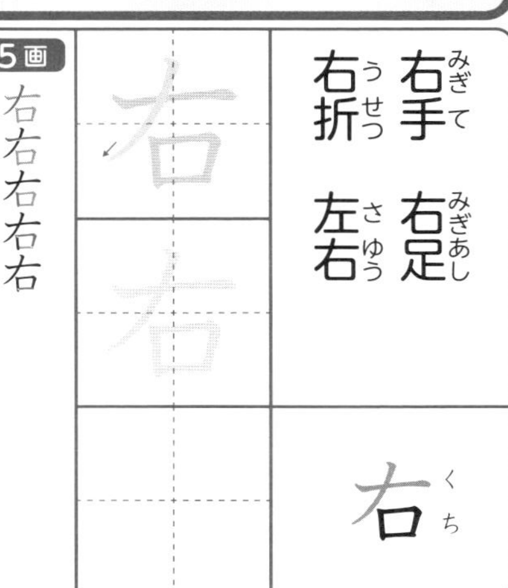

📖59ページ

右 ユウ ウ みぎ（はらう）

5画 右右右右右

右手（みぎて） 右足（みぎあし） 右折（うせつ） 左右（さゆう）

右（く）ち

📖59ページ

生 セイ ショウ いきる・いかす いける うまれる・うむ はえる・はやす なま（ながく）

5画 生生生生生

生きる（いきる） 生む（うむ） 学生（がくせい） 生える（はえる） 生水（なまみず） 一生（いっしょう）

生（うまれる）

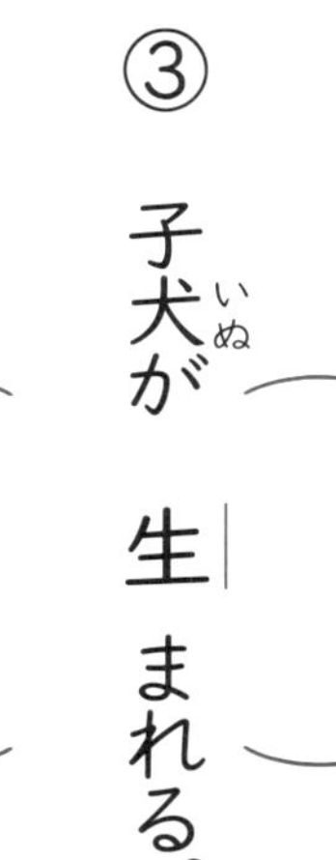

1 よみがなを かきましょう。 40てん（一つ10）

① 左手（　　）を 上げる。

② 右手（　　）で かく。

③ 子犬（いぬ）が 生（　　）まれる。

④ 小さな 生（　　）きもの。

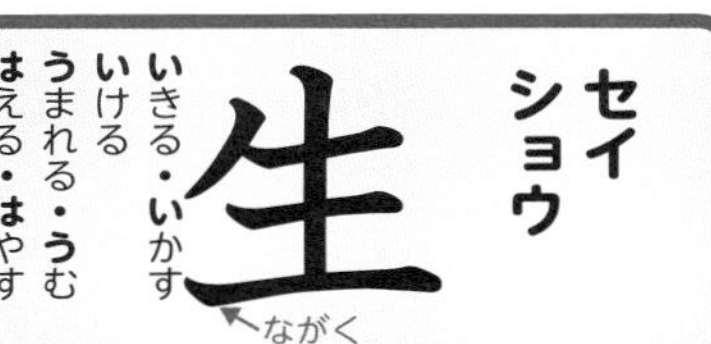

きょうかしょ 📖 下 59ページ

← うらの ページに つづくよ！

2 あてはまる　かん字を　かきましょう。

60てん（一つ10）

① □(ひだり)ききようの　はさみ。

② □□(さゆう)を　たしかめる。

③ 車が　□(う)せつする。

④ まい日の　□(せい)活(かつ)に　やく立つ。

⑤ □□(いっしょう)けんめい　はしる。

⑥ みちに　草(くさ)が　□(は)える。

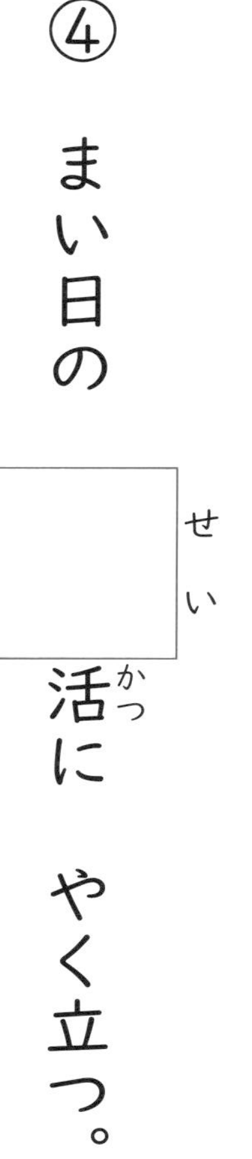

ヒント 2
②二つのかん字は、はじめの二かくのかきじゅんがぎゃくです。
④～⑥「生」のたてぼうは上をつき出してかきます。

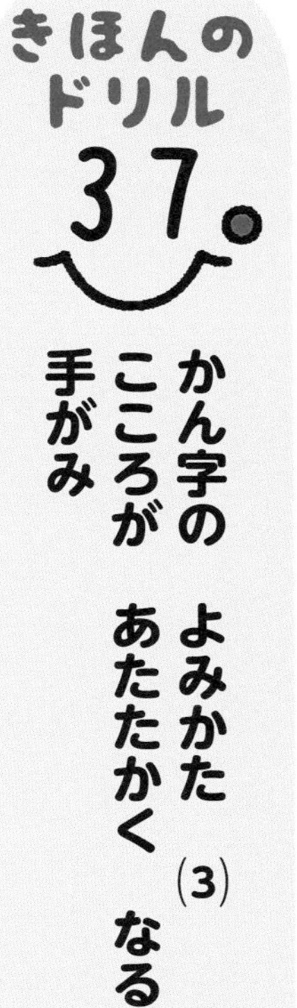

きほんのドリル 37。

かん字の よみかた(3)
こころが あたたかく なる 手がみ

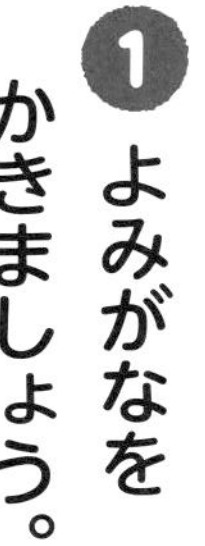

かいて おぼえよう！

59ページ

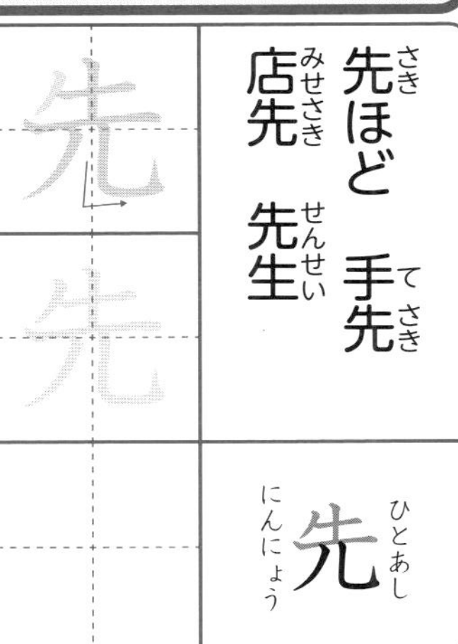

先 セン さき（はねる）

6画 先先先先先先

先(さき)ほど　手先(てさき)　店先(みせさき)　先生(せんせい)

先 ひとあし（にんにょう）

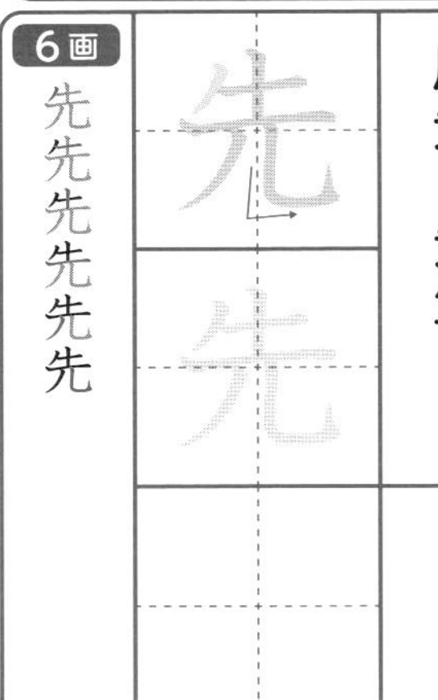

61ページ

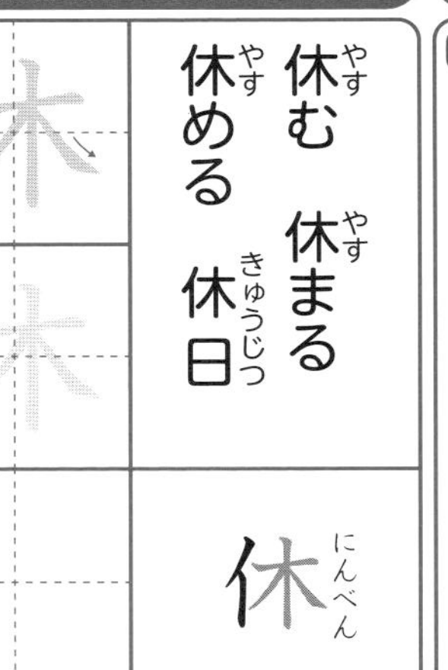

休 キュウ やすむ やすまる やすめる（とめる）

6画 休休休休休休

休(やす)む　休(やす)まる　休(やす)める　休日(きゅうじつ)

休 にんべん

1 よみがなを かきましょう。 40てん(一つ10)

① 先生の はなし。（　　）

② 先に はじめる。（　　）

③ 休みの 日。（　　）

④ 休けいを とる。（　　）

きょうかしょ 下59～61ページ

うらの ページに つづくよ！

❷ あてはまる　かん字を　かきましょう。

60てん（一つ10）

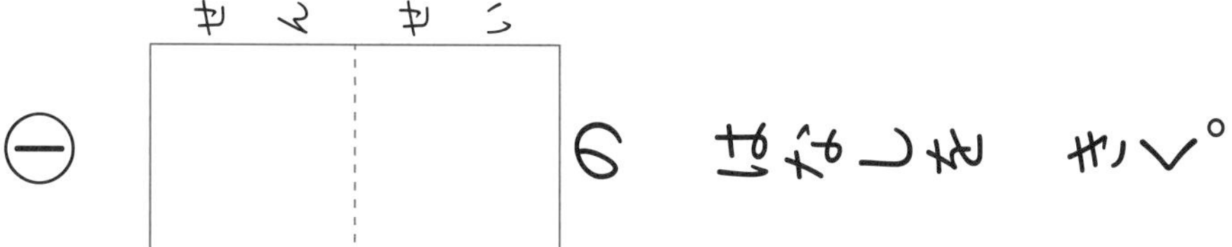

①（せんせい）の　はなしを　きく。

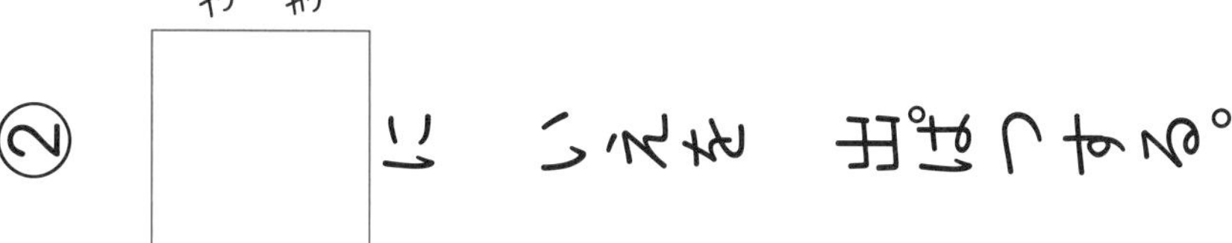

②（さき）に　いえを　出ぱつする。

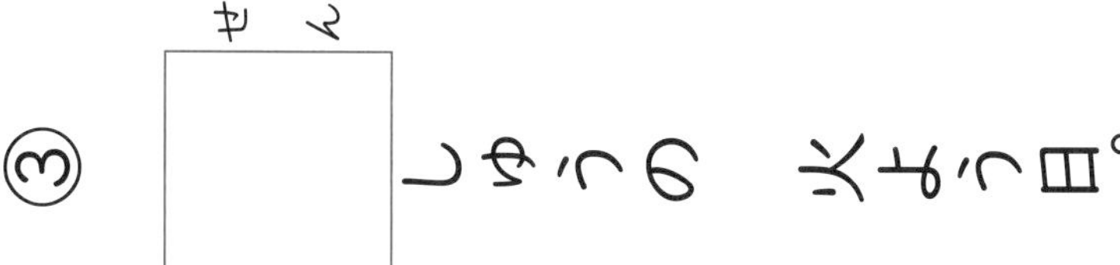

③（せん）しゅうの　火よう日。

④（きゅうじつ）に　さんぽする。

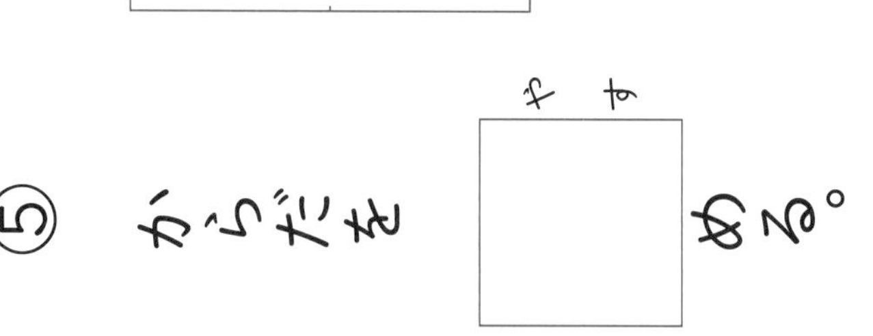

⑤　からだを（やす）める。

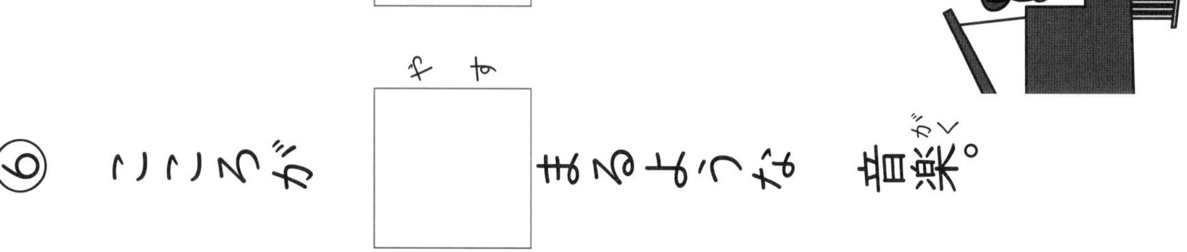

⑥　こころが（やす）まるような　音楽（がく）。

ヒント ❷
①～③「先」は六かく目のかたちにちゅういしましょう。
④～⑥「休」の左がわは「人」のいみで、人が木のそばで休んでいるようすをあらわします。

きほんのドリル 38。 スイミー (1)

15ふん　ごうかく80てん　／100
こたえ 87ページ
サクッとこたえあわせ
月　日

かいて　おぼえよう！

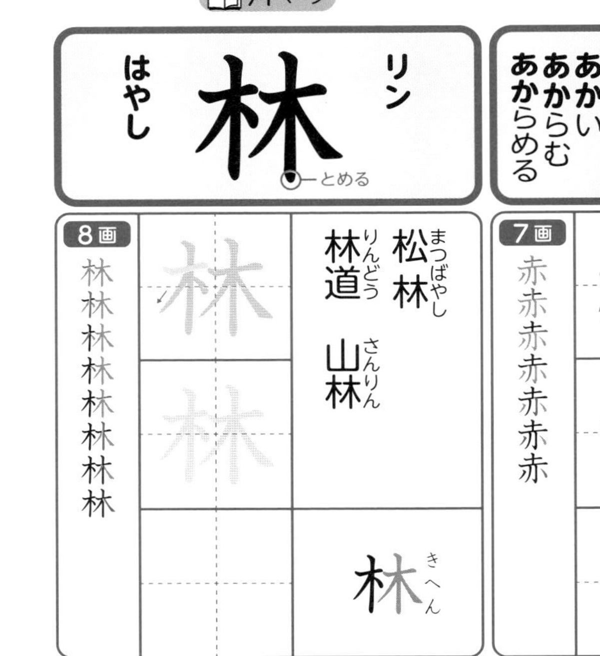

📖64ページ
赤 セキ　あか　あかい　あからむ　あからめる　（はねる）
7画　赤赤赤赤赤赤赤
赤字（あかじ）　赤い（あかい）　赤らむ（あからむ）　赤道（せきどう）
赤（あか）

📖71ページ
林 リン　はやし　（とめる）
8画　林林林林林林林林
松林（まつばやし）　山林（さんりん）　林道（りんどう）
林（きへん）

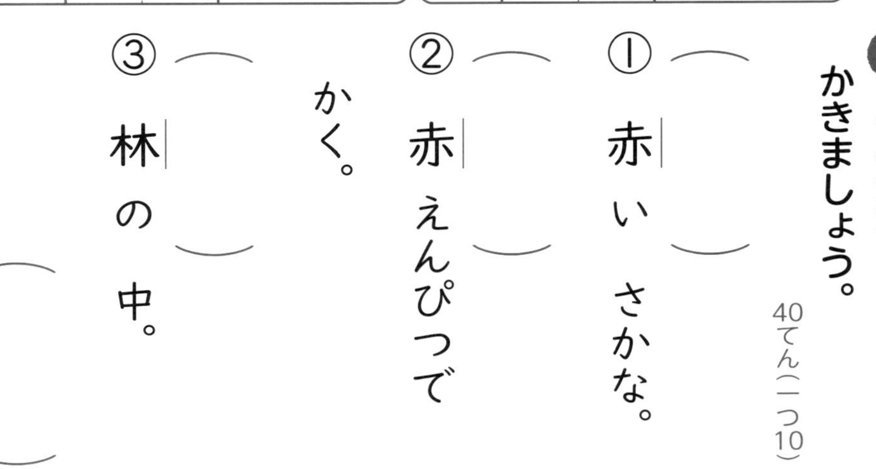

1 よみがなを　かきましょう。　40てん（一つ10）

① 赤（　）い　さかな。

② 赤（　）えんぴつで　かく。

③ 林（　）の　中。

④ 大きな　森（しん）林（　）。

きょうかしょ 下 64～71ページ

← うらの ページに つづくよ！

❷ あてはまる　かん字を　かきましょう。

60てん(一つ10)

① □(せき)はんを　たべる。

② □(あか)組(ぐみ)が　ゆうしょうする。

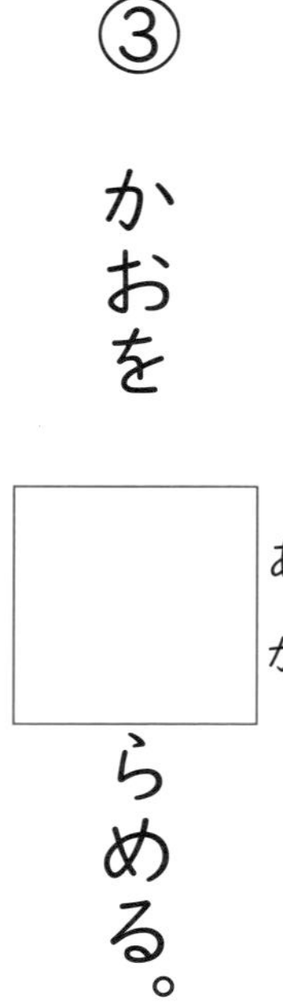

③ かおを　□(あか)らめる。

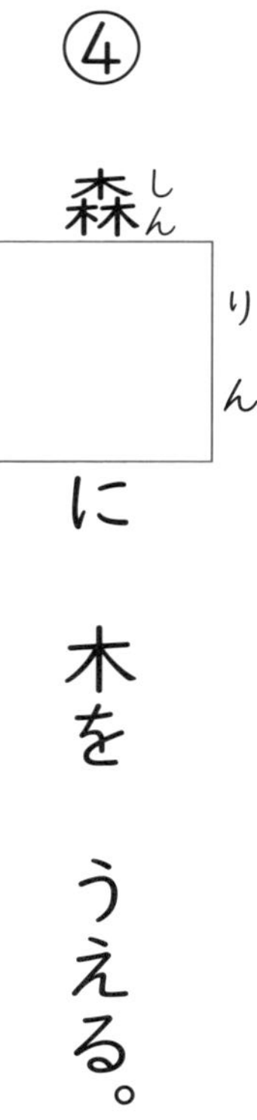

④ 森(しん)□(りん)に　木を　うえる。

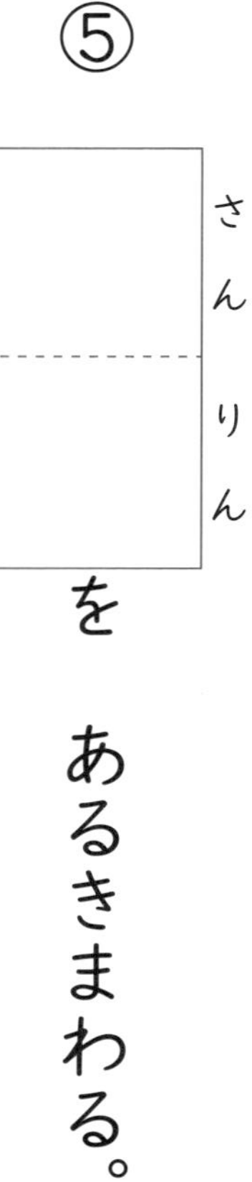

⑤ □□(さんりん)を　あるきまわる。

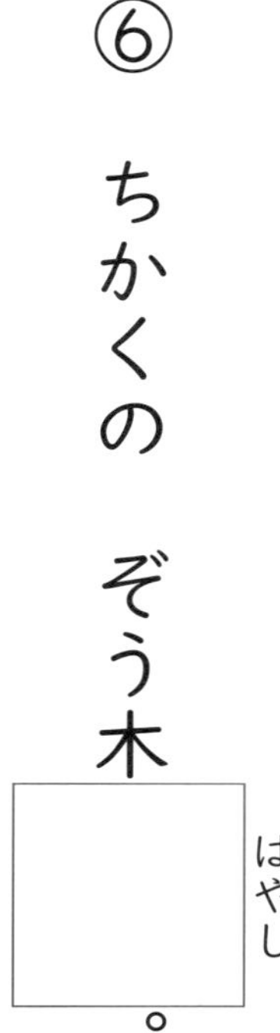

⑥ ちかくの　ぞう木□(ばやし)。

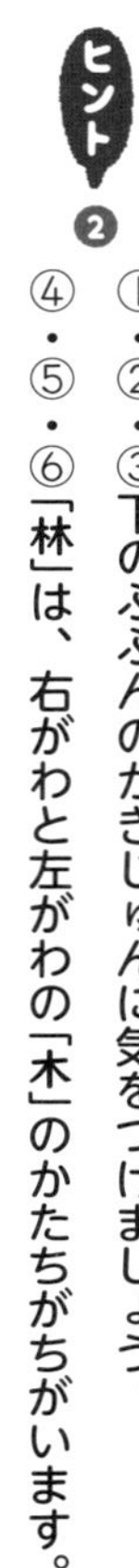

ヒント ❷
①・②・③下のぶぶんのかきじゅんに気をつけましょう。
④・⑤・⑥「林」は、右がわと左がわの「木」のかたちがちがいます。

きほんのドリル 39。 スイミー (2)

じかん 15ふん

ごうかく80てん ／100

サクッと こたえ あわせ

こたえ 87ページ

月　日

かいて　おぼえよう！

80ページ

ゆう　夕　あける

3画　夕夕夕

夕空（ゆうぞら）　夕日（ゆうひ）　夕方（ゆうがた）
夕立（ゆうだち）　夕はん（ゆうはん）

夕（ゆうべ・た）

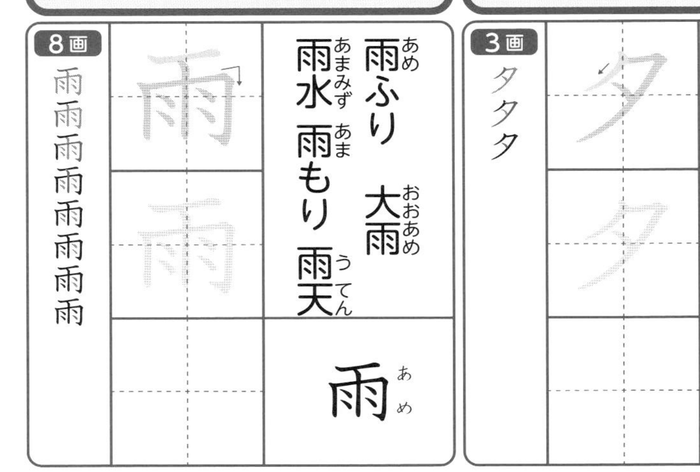

80ページ

あめ　あま　ウ　雨　はねる

8画　雨雨雨雨雨雨雨雨

雨ふり（あめふり）　大雨（おおあめ）
雨水（あまみず）　雨もり（あまもり）　雨天（うてん）

雨（あめ）

1 よみがなを　かきましょう。　40てん（一つ10）

① 夕日（　　）が　きれいだ。

② 雨（　　）の　一日。

③ 雨音（　　）が　きこえる。

④ はげしい　風（ふう）雨（　　）。

きょうかしょ　下 80ページ

うらの ページに つづくよ！

❷ あてはまる　かん字を　かきましょう。

60てん(一つ10)

① □(ゆう)食(しょく)の　こんだて。

② まっかな　□(ゆう)やけ。

③ □□(ゆうひ)が　しずむ。

④ □(あま)やどりを　する。

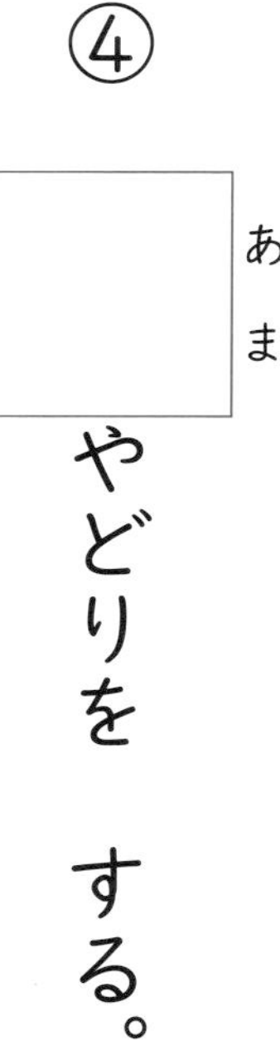

⑤ □□(うてん)の　日が　つづく。

⑥ □(あめ)もようの　一日。

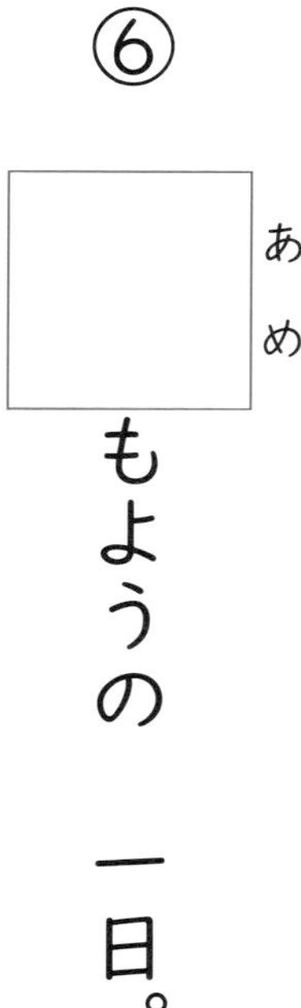

ヒント ❷
①～③「夕」は、お日さまがしずみかかっているじかんのことです。
④～⑥「雨」の字の中のてんてんは、雨のつぶをあらわします。

ふゆやすみのホームテスト 40。

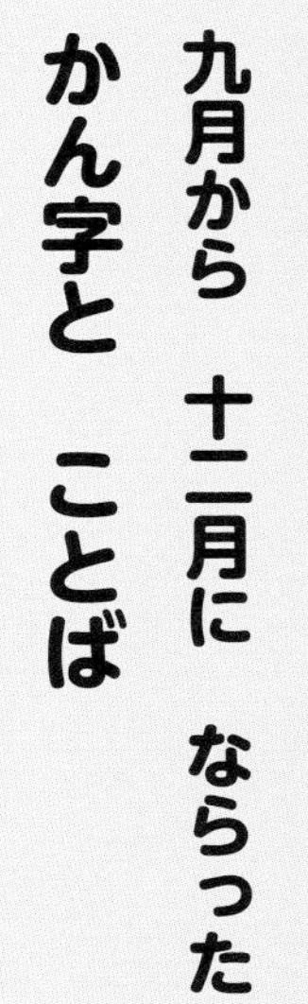

九月から 十二月に ならった かん字と ことば

1 かん字の よみがなを かきましょう。 20てん(一つ4)

① 左（　　）がわに 竹（　　）が 生えて いる。

② 先（　　）に いえを 出ぱつする。

③ 一生（　　）けんめい 糸（　　）まきを する。

2 あてはまる かん字を かきましましょう。 30てん(一つ6)

① からだを ゆっくり［やす］める。

② ［はやし］に［あか］い 花が さいて いる。

③ ［みぎ｜て］で 大きな［ほん］を もつ。

← うらの ページに つづくよ!

3 かたちの にた かん字を □に かきましょう。

30てん(一つ5)

① あ □(むし)の かんさつを する。

い たてものの □(なか)に 入(はい)る。

② あ うみで □(ひ)に やけた。

い 大きな □(め)の うま。

③ あ もうすぐ □(ひゃく)さいに なる。

い □(しろ)い シャツを きる。

4 □に あてはまる かん字を 下の [ ] から えらびましょう。(ただし、かん字は 一どしか つかえません。)

20てん(一つ5)

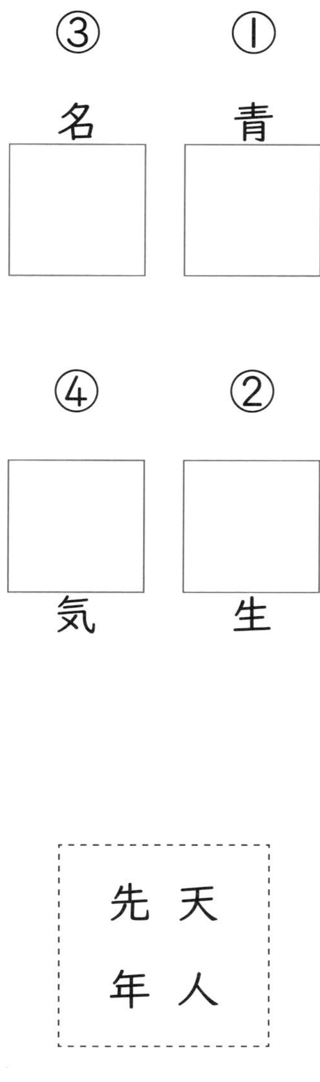

① 青□

② □生

③ 名□

④ □気

先　天
年　人

きほんのドリル 41 文を つくろう かわる よみかた (1)

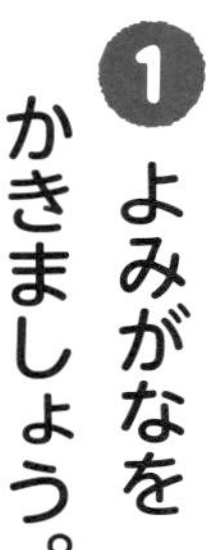

かいて おぼえよう！

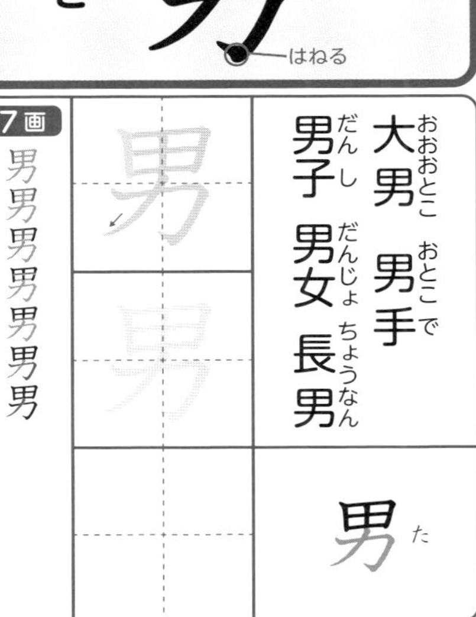

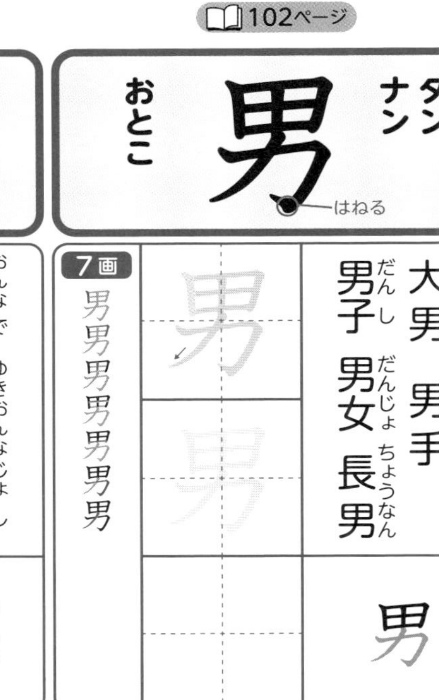

102ページ
男 おとこ ダン ナン（はねる）
7画 男男男男男男男
大男（おおおとこ） 男手（おとこで） 男子（だんし） 男女（だんじょ） 長男（ちょうなん）
男（た）

103ページ
女 おんな ジョ（つきでる）
3画 女女女
女手（おんなで） 雪女（ゆきおんな） 女子（じょし） 女王（じょおう） 少女（しょうじょ） 次女（じじょ）
女（おんな）

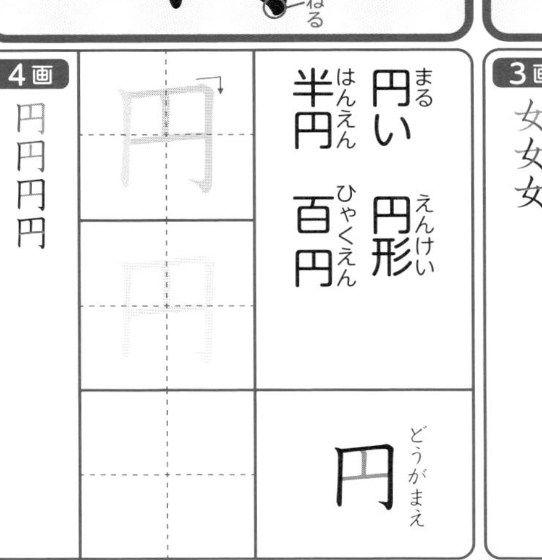

105ページ
円 まるい エン（はねる）
4画 円円円円
円い（まるい） 円形（えんけい） 半円（はんえん） 百円（ひゃくえん）
円（どうがまえ）

1 よみがなを かきましょう。 40てん（一つ10）

① げん気な 男（　　） の子。

② 三人の 女（　　） の子。

③ 百円（　　） もらう。

④ 円（　　）い テーブル。

きょうかしょ 下102～105ページ

うらの ページに つづくよ！

② あてはまる かん字を かきましょう。

60てん(一つ10)

① 六年生の 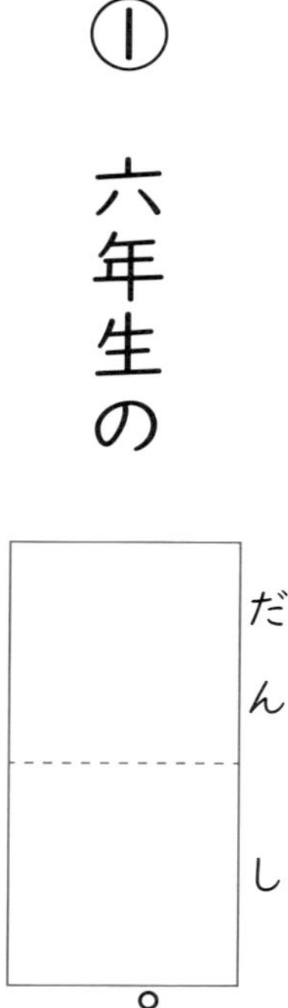（だんし）。

② この いえの 長（ちょう） （なん）。

③ 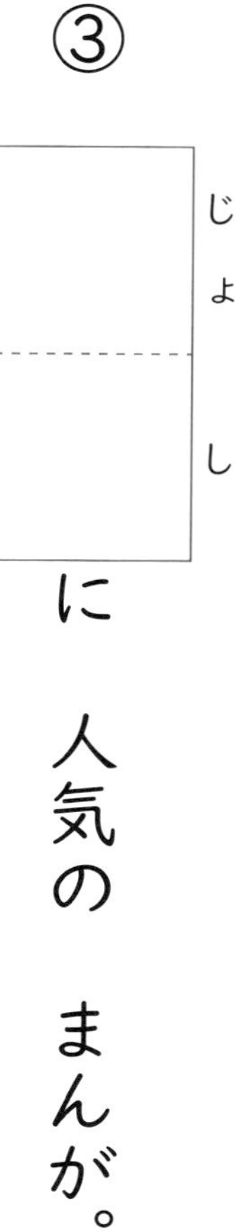（じょし）に 人気の まんが。

④ 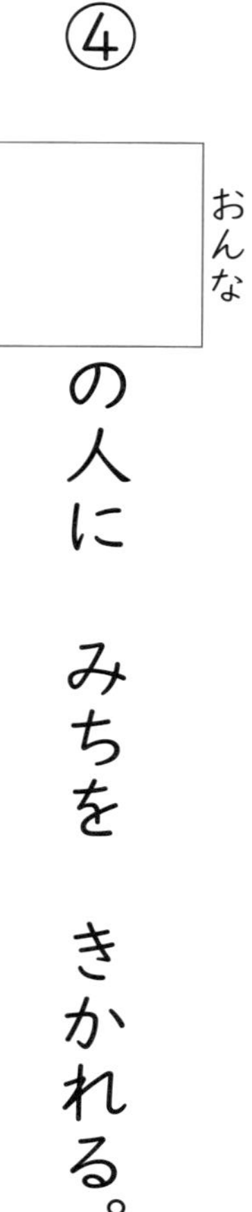（おんな）の人に みちを きかれる。

⑤ 空を とぶ 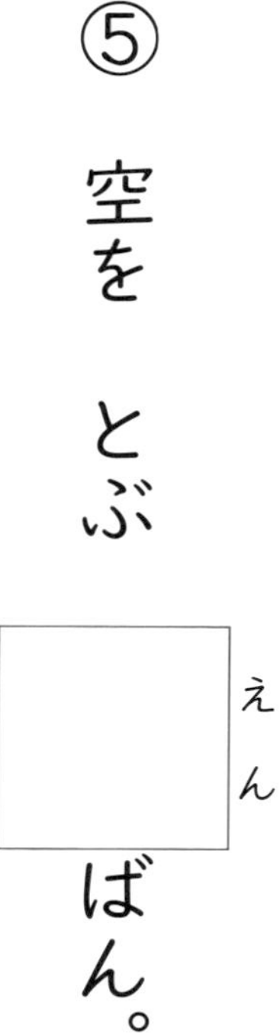（えん）ばん。

⑥ 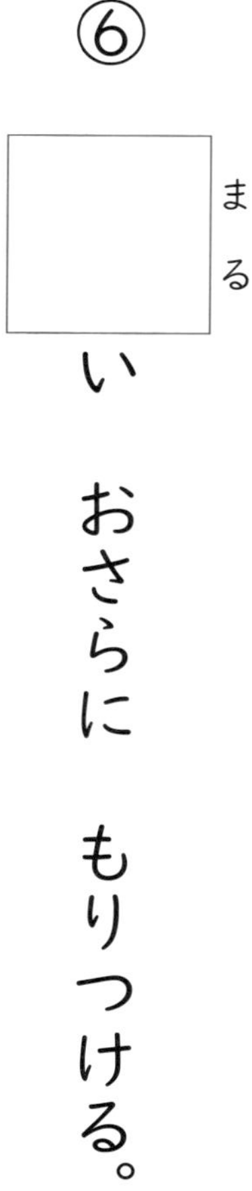（まる）い おさらに もりつける。

ヒント ②
①・②「男」は「田」で「力」を出す「男」とおぼえましょう。
③・④「女」は「く」「ノ」「一」のじゅんにかきます。

かわる よみかた (2)

じかん 15ふん　ごうかく80てん　／100

こたえ 88ページ

月　日

かいて おぼえよう！

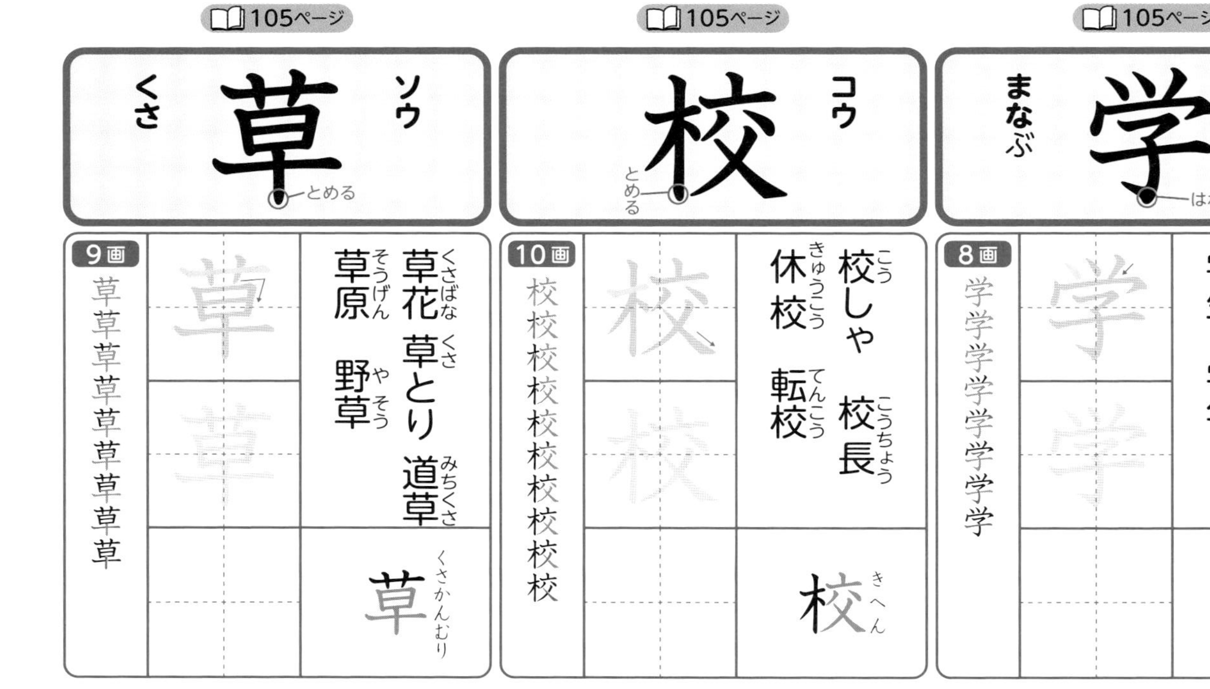

学（105ページ）　ガク　まなぶ　はねる　8画
学ぶ（まなぶ）　学校（がっこう）　学生（がくせい）　学年（がくねん）　学（こ）

校（105ページ）　コウ　とめる　10画
校しゃ（こうしゃ）　校長（こうちょう）　休校（きゅうこう）　転校（てんこう）　校（きへん）

草（105ページ）　ソウ　くさ　とめる　9画
草花（くさばな）　草とり（くさとり）　道草（みちくさ）　草原（そうげん）　野草（やそう）　草（くさかんむり）

1 よみがなを かきましょう。

40てん（一つ10）

① 学校に かよう。（　　）

② さんすうを 学ぶ。（　　）

③ 校ていに 出る。（　　）

④ 草花の しゅるい。（　　）

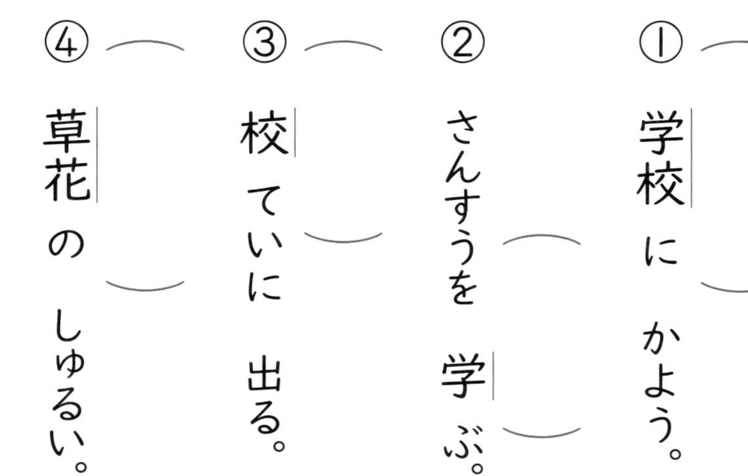

きょうかしょ 下105ページ

うらの ページに つづくよ！

❷ あてはまる　かん字を　かきましょう。

60てん（1つ10）

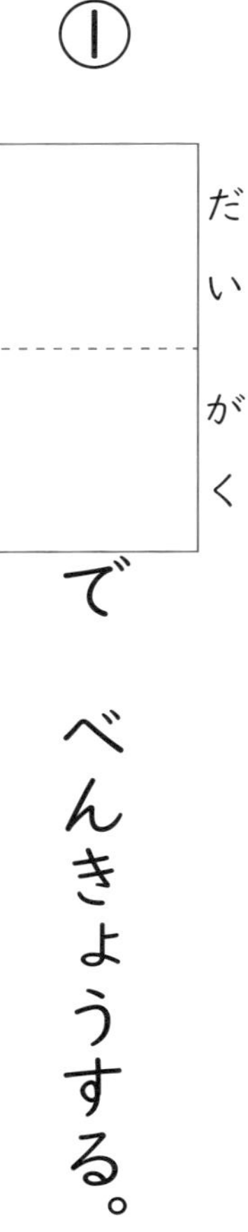

① □□（だいがく）で　べんきょうする。

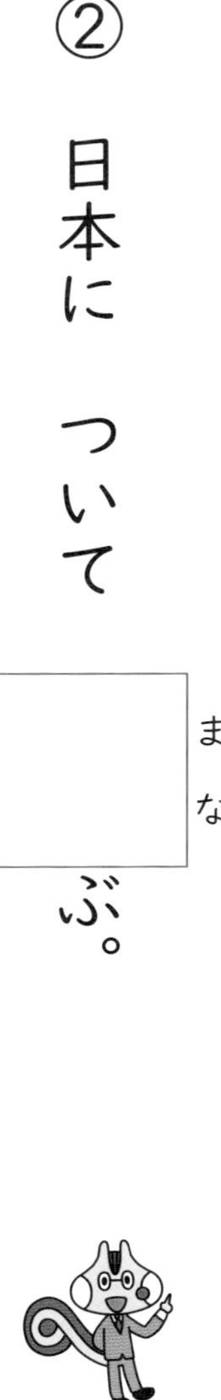

② 日本に　ついて　□（まな）ぶ。

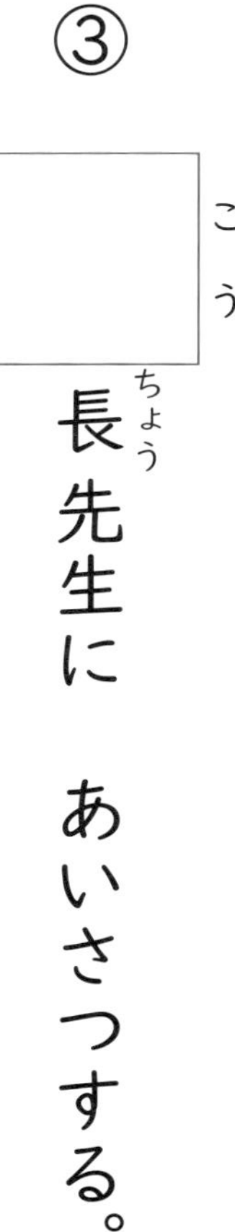

③ □（こう）長（ちょう）先生に　あいさつする。

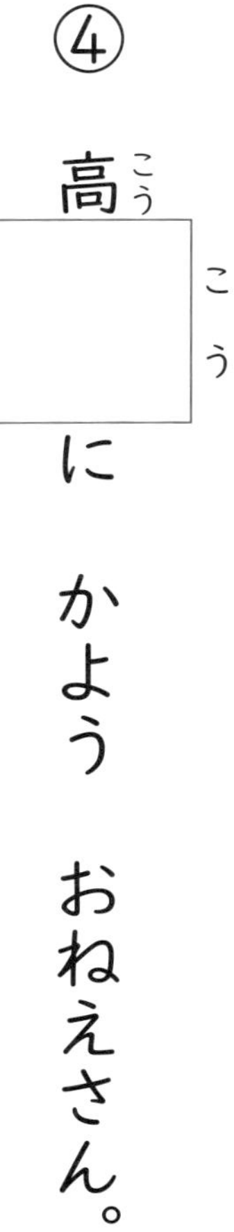

④ 高（こう）□（こう）に　かよう　おねえさん。

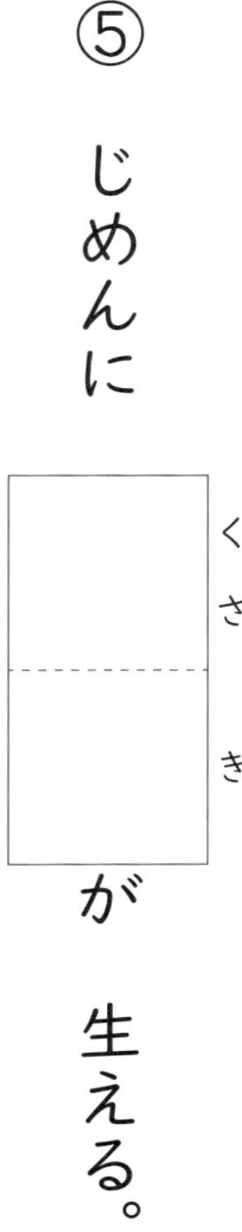

⑤ じめんに　□□（くさき）が　生える。

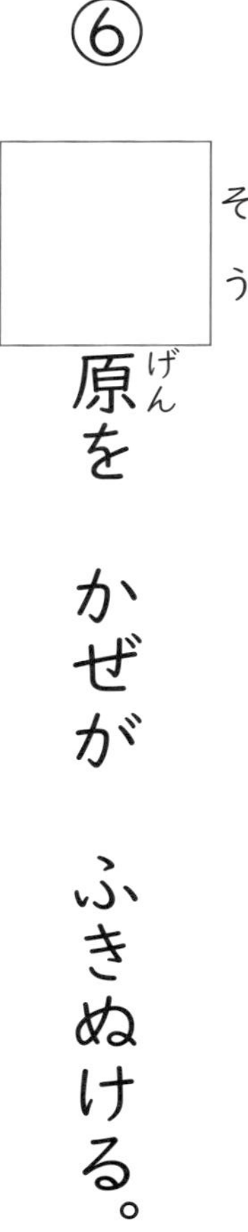

⑥ □（そう）原（げん）を　かぜが　ふきぬける。

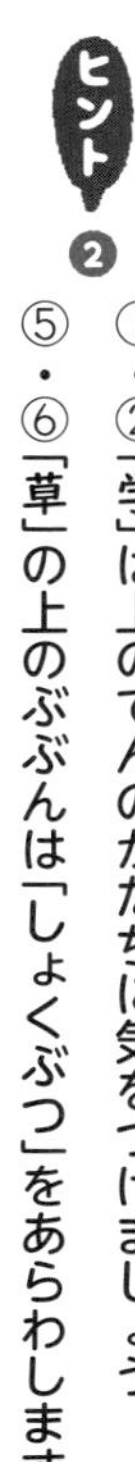

ヒント ❷
①・②「学」は上のてんのかたちに気をつけましょう。
⑤・⑥「草」の上のぶぶんは「しょくぶつ」をあらわします。

きほんのドリル 43。

かわる よみかた (3)

じかん 15ふん　ごうかく80てん　/100

サクッとこたえあわせ　こたえ 88ページ

月　日

かいて おぼえよう！

105ページ　玉　たま　ギョク　ながく
5画　玉玉玉玉玉
玉入れ（たまいれ）　水玉（みずたま）
玉石（ぎょくせき）
玉（たま）

105ページ　村　むら　ソン　はねる
7画　村村村村村村村
村人（むらびと）　村まつり（むらまつり）
村長（そんちょう）　山村（さんそん）
村（きへん）

なんども かいて おぼえよう。

1 よみがなを かきましょう。　40てん（一つ10）

① 赤いろの 玉。（　　）

② 玉石が まざる。（　　）

③ 村で そだつ。（　　）

④ 山村の くらし。（　　）

きょうかしょ 下105ページ

うらの ページに つづくよ！

60てん(一つ10)

❷ あてはまる　かん字を　かきましょう。

① きれいな　ほう［きょく］。

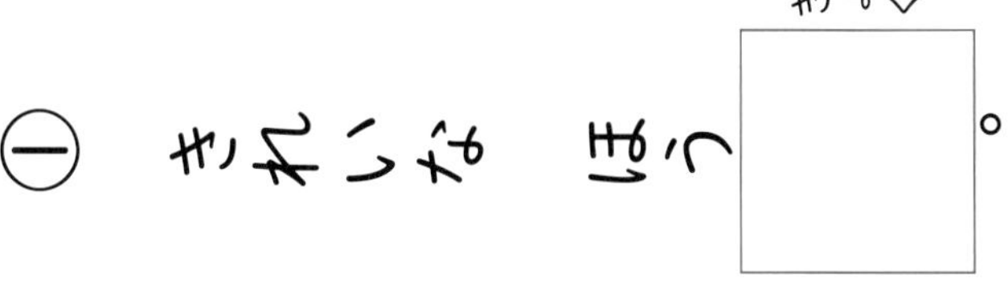

② しゃぼん［だま］を　とばす。

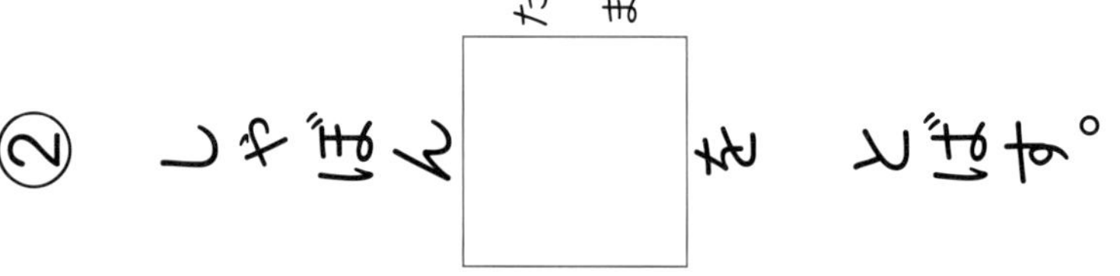

③ ［みずたま］もようの　ふく。

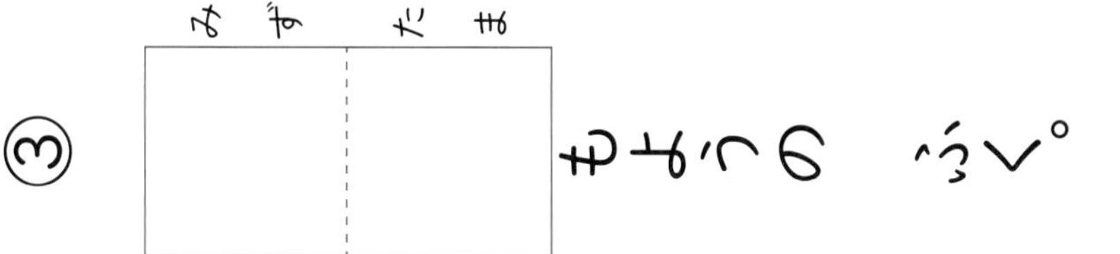

④ ［そん］長(ちょう)さんに　あいさつする。

⑤ ［むら］おこしの　おまつり。

⑥ しんせつな　［むらびと］。

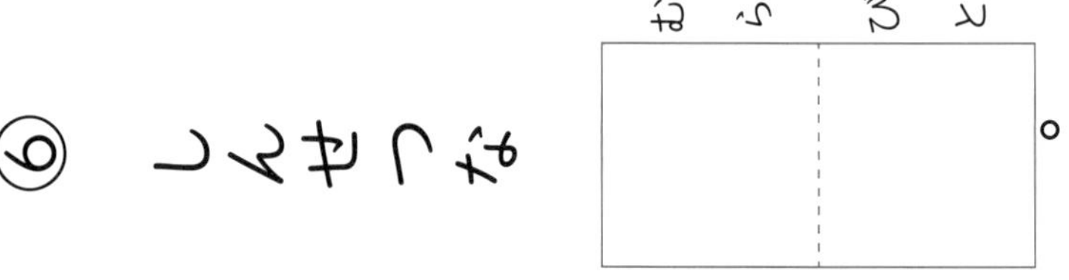

ヒント ❷ ①・②・③「玉」はほう石(せき)をいみするかん字です。

きほんのドリル 44。

ことばで つたえよう にて いる かん字 (1)

じかん 15ふん
ごうかく80てん
/100
サクッと こたえ あわせ
こたえ 88ページ
月 日

かいて おぼえよう!

111ページ
入
ニュウ
いる いれる はいる
つき出ない
2画 入入
入る(いる) 入れる(いれる) 入る(はいる) 入学(にゅうがく) 記入(きにゅう)
入(い)る

118ページ
石
セキ シャク
いし
つき出ない
5画 石石石石石
石ころ(いしころ) 小石(こいし) 岩石(がんせき) じ石(じしゃく)
石(いし)

119ページ
犬
ケン
いぬ
はらう
4画 犬犬犬犬
犬ぞり(いぬぞり) のら犬(のらいぬ) 番犬(ばんけん) 名犬(めいけん)
犬(いぬ)

1 よみがなを かきましょう。 40てん(一つ10)

① へやに 入る。( )

② 石を ひろう。( )

③ 大きな ほう石。( )

④ 犬の さんぽを する。( )

「犬」は 「大」に 「てん」と おぼえよう。

うらの ページに つづくよ!

きょうかしょ 下 111~119ページ

❷ あてはまる　かん字を　かきましょう。

60てん（一つ10）

①（にゅう）（がく）＿＿しきに　出る。

②（い）＿＿り口は　こちらです。

③ 岩（がん）（せき）＿＿を　ほりおこす。

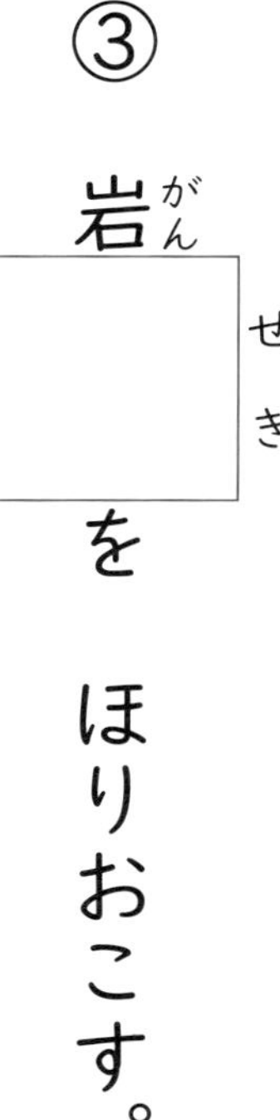

④ じ（しゃく）＿＿の　じっけんを　する。

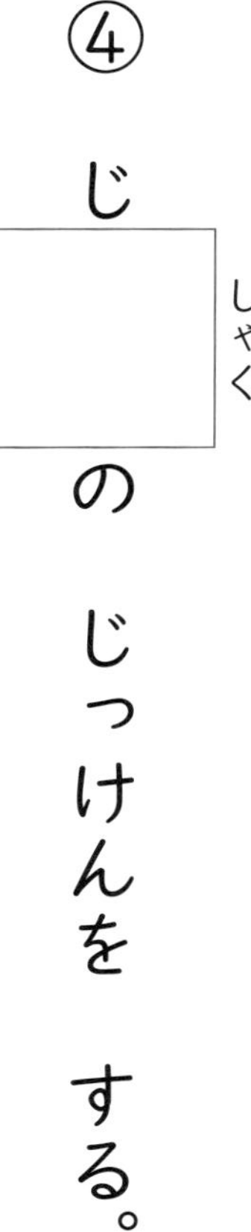

⑤（い）（ぬ）＿＿ぞりを　はしらせる。

⑥ 大がた（けん）＿＿を　かって　いる。

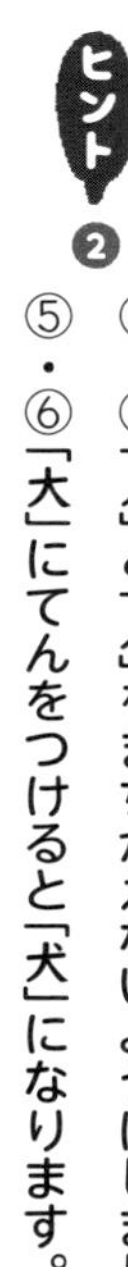

ヒント ❷
①・②「入」と「人」をまちがえないようにしましょう。
⑤・⑥「大」にてんをつけると「犬」になります。

きほんのドリル 45。 にて いる かん字 (2)

かいて おぼえよう!

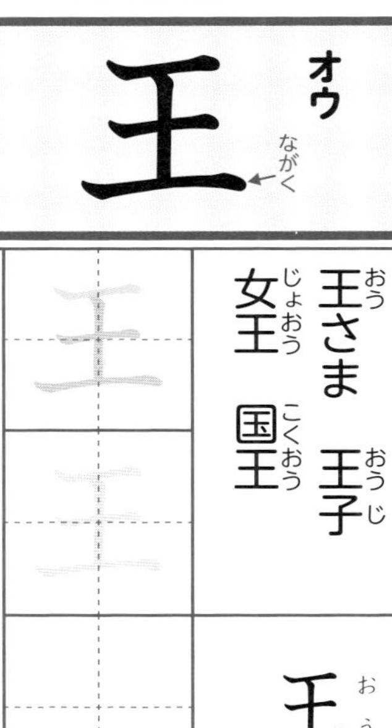

119ページ 王 オウ (4画)	
王(おう)さま 王子(おうじ) 女王(じょおう) 国王(こくおう)	王 王 王 王

119ページ 町 まち チョウ (7画)	
町角(まちかど) 下町(したまち) 町内(ちょうない) 市町村(しちょうそん)	町 町 町 町 町 町 町

119ページ 森 もり シン (12画)	
森(もり)の 中(なか) 森林(しんりん)	森 森 森 森 森 森 森 森 森 森 森 森

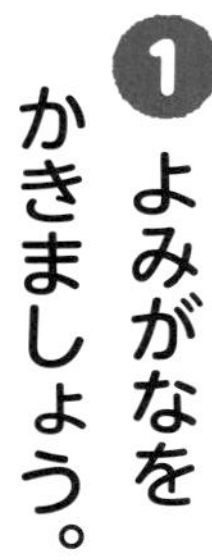

1 よみがなを かきましょう。 40てん(一つ10)

① 王さまの けらい。（　　）

② 町で くらす。（　　）

③ 市(し)町村（　　）

④ 森の おく。（　　）

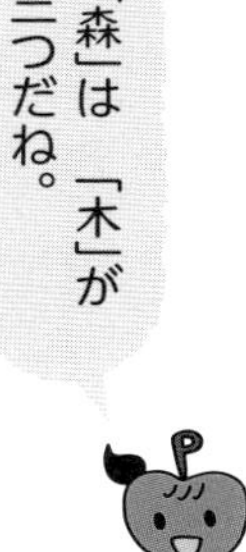

きょうかしょ 下119ページ

うらの ページに つづくよ!

❷ あてはまる　かん字を　かきましょう。

60てん(一つ10)

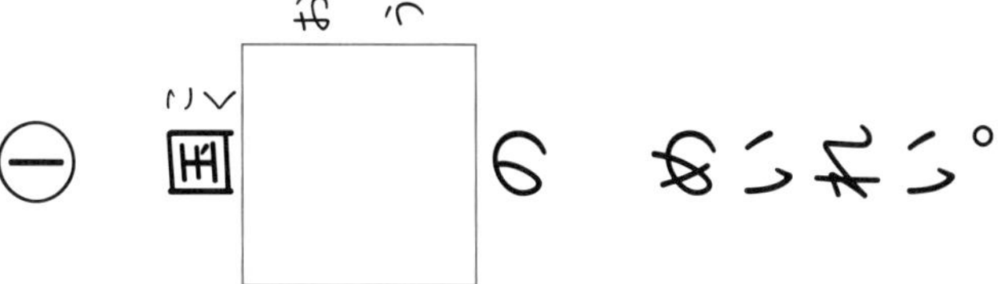

① 国(こく)□(おう)の　めいれい。

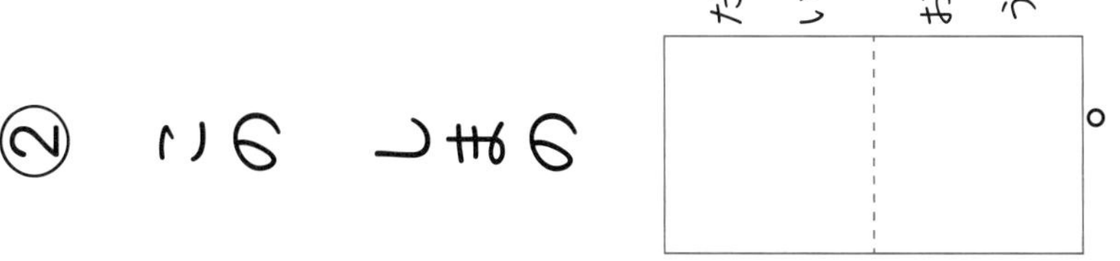

② この　しまの　□□(だいおう)。

③ □(ちょう)内(ない)の　見まわりを　する。

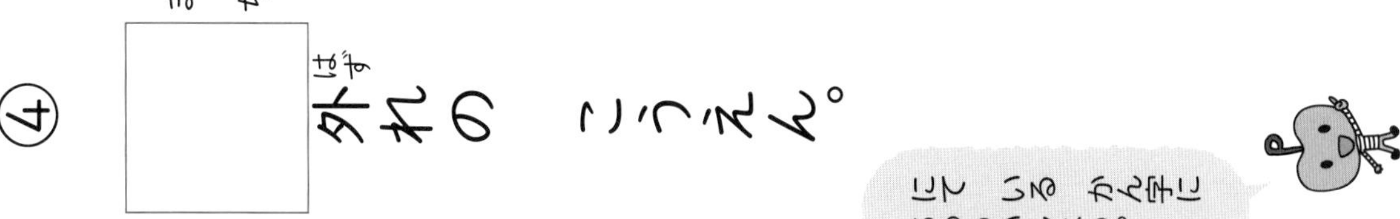

④ □(まち)外(はず)れの　こうえん。

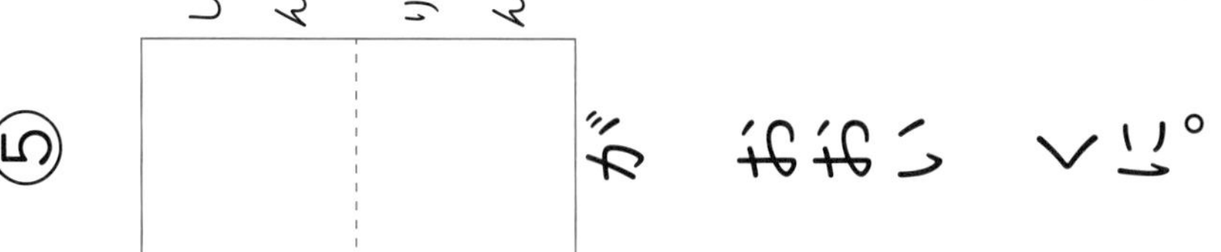

⑤ □□(しんりん)が　おおい　くに。

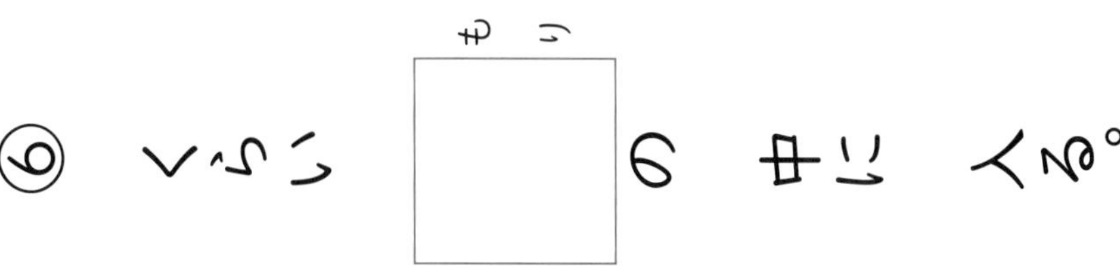

⑥ くらい　□(もり)の　中に　入る。

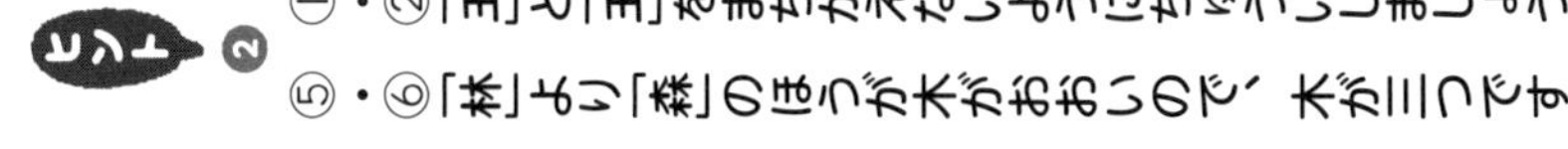

ヒント ❷

①・②「王」と「玉」をまちがえないようにちゅういしましょう。

⑤・⑥「林」より「森」のほうが木がおおいので、木が三つです。

きほんのドリル 46。にて いる かん字 (3) お手がみ

かいて おぼえよう！

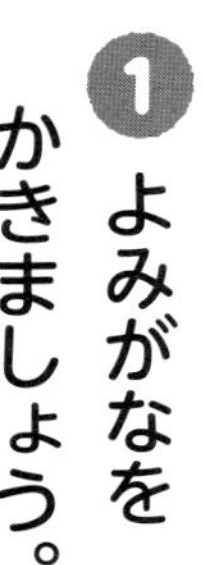

1 よみがなを かきましょう。 40てん(一つ10)

① 白い 貝がら。

② 足を うごかす。

③ 二人で あそぶ。

④ 一人に なる。

よんで おぼえよう！

●…とくべつな よみかたを する かん字

「一人まえ」の ときは 「いちにん」と よむよ。

きょうかしょ 下 119～138ページ

うらの ページに つづくよ！

2 あてはまる　かん字を　かきましょう。

60てん（一つ10）

①　まき［がい］を　見つける。

②　ほたての［かい］ばしら。

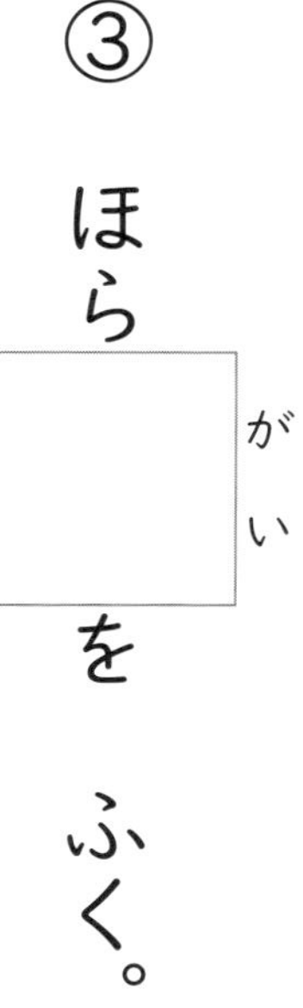

③　ほら［がい］を　ふく。

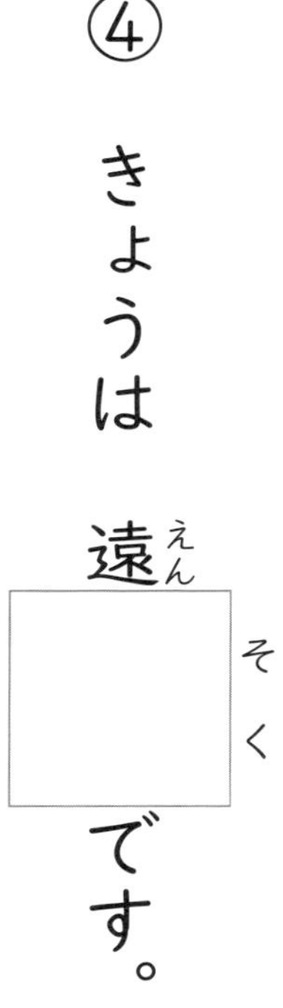

④　きょうは　遠［そく］です。

⑤　五十円で［た］りる。

⑥　［あし］［おと］が　きこえる。

ヒント 2
①～③「貝」を「目」としないようにちゅういしましょう。
④～⑥「足」のさいごのかくははらいます。

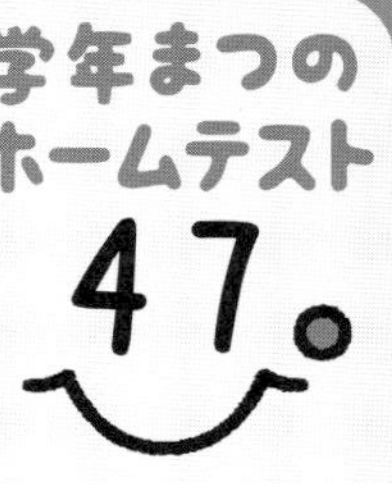

一月から 三月に ならった かん字と ことば

1 かん字の よみがなを かきましょう。 25てん(一つ5)

①（　　）一人と（　　）二人。

②（　　）学校に いく。

③（　の　）女の子から（　　）貝がらを もらう。

2 あてはまる かん字を かきましょう。 25てん(一つ5)

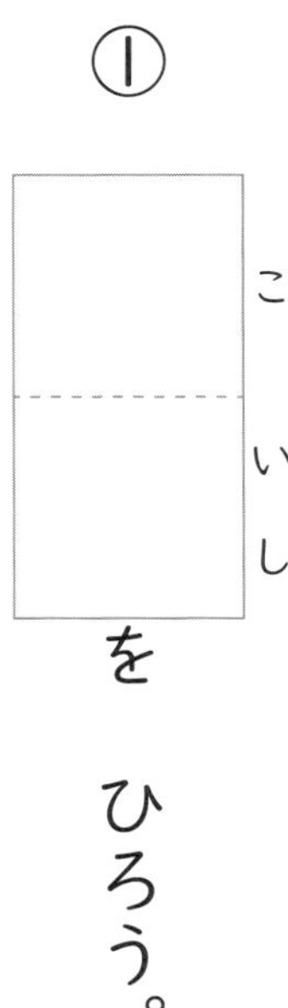

① □□（こいし）を ひろう。

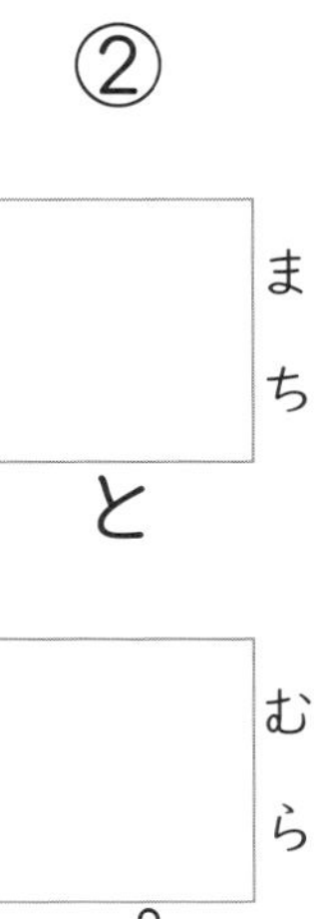

② □（まち）と □（むら）。

③ □（いぬ）を つれた □□（だんし）。

うらの ページに つづくよ！

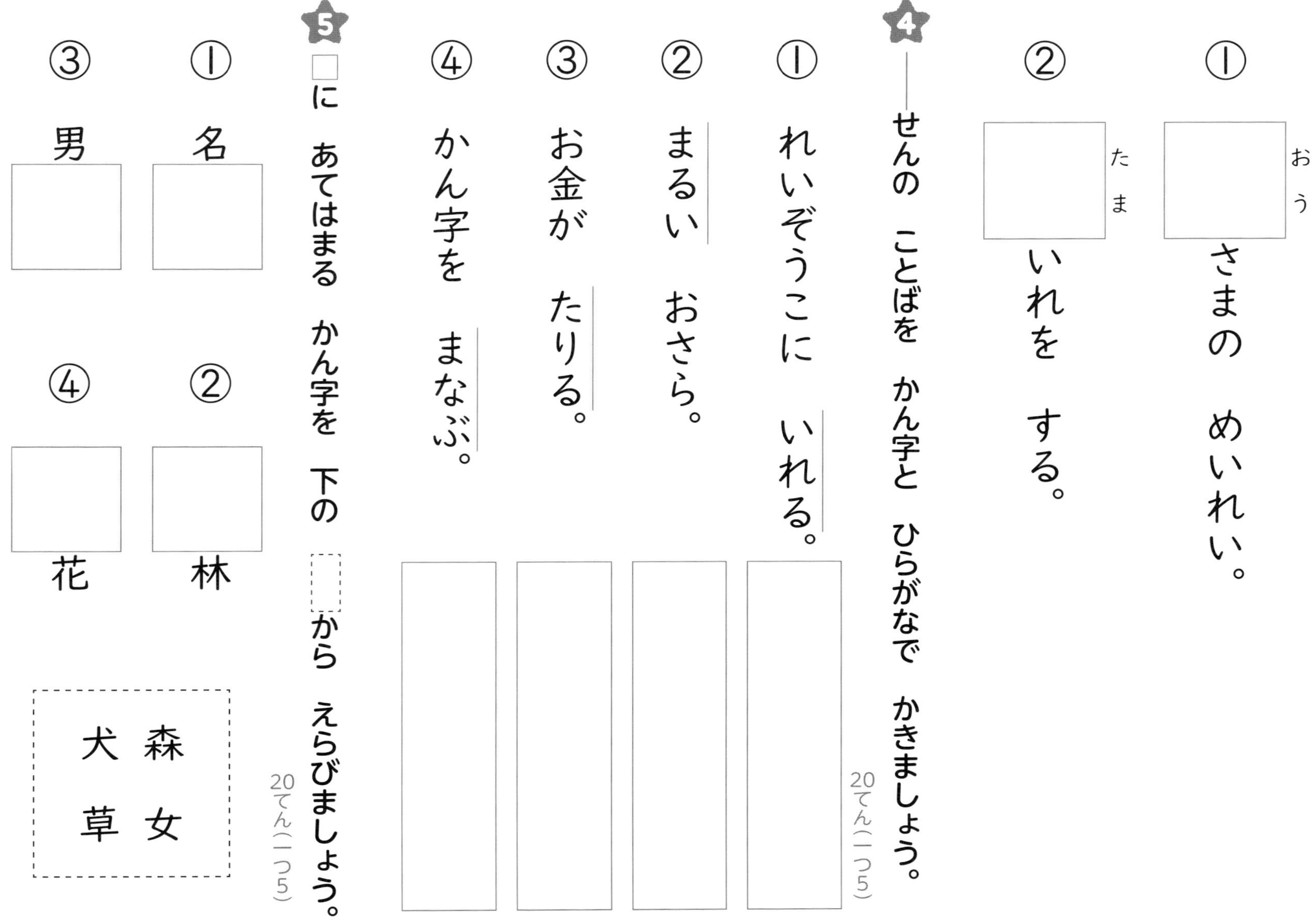

3 かたちの　にた　かん字を　□に　かきましょう。　10てん（一つ5）

① □（おう）さまの　めいれい。

② □（たま）いれを　する。

4 ――せんの　ことばを　かん字と　ひらがなで　かきましょう。　20てん（一つ5）

① れいぞうこに　いれる。

② まるい　おさら。

③ お金が　たりる。

④ かん字を　まなぶ。

5 □に　あてはまる　かん字を　下の　□から　えらびましょう。　20てん（一つ5）

① 名□

② □林

③ 男□

④ □花

犬　森

草　女

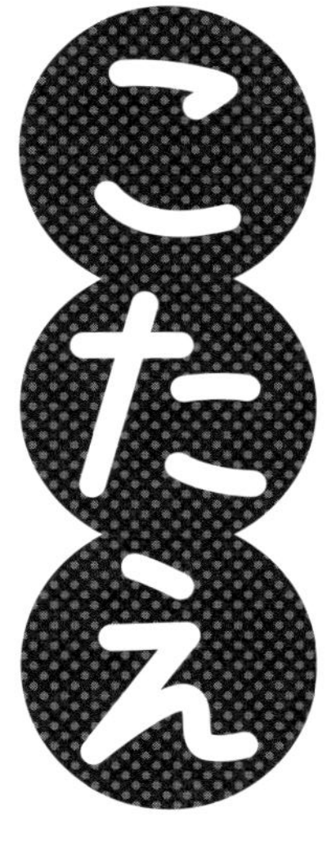

●まちがって　いたら、
そのままに　しないで、
かならず　やりなおしましょう。

1. はじめの　べんきょう　1ページ

☆（しょうりゃく）

おうちの方へ
　せんをなぞって、たて・よこ・右・左にかけるようにしましょう。

2. はじめの　べんきょう　2ページ

〜

8. はじめの　べんきょう　8ページ

☆（しょうりゃく）

9. なつやすみのホームテスト　9〜10ページ

☆1 (みぎからじゅんに)つる　あり　わに
むし　なす　さいふ　みみ　ほうき
やま　ちくわ　てら　えほん

☆2 (やじるしのじゅんに)とけい　いのしし
しろくま　まめ　めいろ　ろうそく　くり
りす　すいか　かご

10. はじめのべんきょう　11ページ

〜

11. はじめのべんきょう　12ページ

☆（しょうりゃく）

12. きほんのドリル　13〜14ページ

1 ①やま　②ひ　③にち　④つき
2 ①山　②山　③日　④日　⑤月
⑥月

13. きほんのドリル　15〜16ページ

1 ①ひ　②か　③き　④き
2 ①火　②火　③火　④木　⑤木
⑥木

14. きほんのドリル　17〜18ページ

1 ①いち　②に　③さん　④さん
2 ①一日　②一　③二　④二月　⑤三
⑥三

15. まとめのドリル　19〜20ページ

1 ①やま・つき　②に　③き
④にち・び　⑤いち
⑥さんがつ・げつ　⑦かざん
2 ①月・火　②木　③二・三　④日
⑤一・山　⑥月　⑦火

おうちの方へ
1 漢字は、漢字の組み合わせや、あとに続く言葉や送りがなによって、読み方が変わります。言葉の意味とともに、しっかりと覚えていきましょう。

考え方
1 「日」には「ひ」と「にち」「じつ」「か」、「月」には「げつ」「がつ」「つき」という読み方があります。

16. きほんのドリル　21〜22ページ

1 ①じ　②うえ　③した　④さ
2 ①字　②上　③上　④上下　⑤下
⑥下

17. きほんのドリル　23〜24ページ

1 ①ひと　②さんにん　③かわ　④こ
2 ①人　②人　③川　④川　⑤子
⑥子

18. きほんのドリル 25～26ページ

1 ①くち ②た ③よん ④こ(き)
2 ①口 ②人口 ③田 ④四 ⑤四 ⑥木

19. きほんのドリル 27～28ページ

1 ①ご ②ろく ③なな ④しち(なな)
2 ①五 ②五 ③六日 ④七月 ⑤七日 ⑥七

20. きほんのドリル 29～30ページ

1 ①はち ②やっ ③きゅう ④ここの ⑤とおか
2 ①八 ②八日 ③九月 ④九日 ⑤十月 ⑥十

21. まとめのドリル 31～32ページ

1 ①よっ・いつ ②じ ③ひと・あ ④た ⑤ろく ⑥きゅう・じっ(じゅっ) ⑦しち(なな)
2 ①五 ②下がる ③木・上 ④子・八人 ⑤口 ⑥川 ⑦九つ・十

考え方

1 ⑥「十さい」は、「じゅっさい」でも「じっさい」でも、どちらでも正解です。
⑦「七ひき」も同様に、「しちひき」でも「ななひき」でも、どちらも正解です。

2 ②・③「上」の二画目は、短い横棒ですが、「下」の三画目は、横棒ではなくななめに書きます。

22. きほんのドリル 33～34ページ

1 ①み ②けん ③ぶん ④しろ
2 ①見 ②見 ③一文字 ④文 ⑤白 ⑥白

23. きほんのドリル 35～36ページ

1 ①しゃ ②くるま ③て ④おお
2 ①車 ②車 ③手 ④手 ⑤大 ⑥大

24. きほんのドリル 37～38ページ

1 ①つち ②ど ③みず ④すい
2 ①土 ②土 ③土 ④水 ⑤水 ⑥水

25. きほんのドリル 39～40ページ

1 ①な ②だ ③はや ④そう
2 ①名字 ②名人 ③出 ④出 ⑤早 ⑥早

26. きほんのドリル 41～42ページ

1 ①きん ②しょうがつ ③ついたち ④はつか
2 ①金 ②金 ③正 ④正 ⑤正 ⑥二日

27. きほんのドリル 43～44ページ

1 ①はなみ ②か ③むし ④ちゅう
2 ①花 ②花 ③花 ④虫 ⑤虫 ⑥虫

28. まとめのドリル 45～46ページ

1 ①はな・み ②ついたち ③ぶん ④むし ⑤きん・はや ⑥くるま・で ⑦しら
2 ①手・大きく ②白い ③正しい ④虫・名 ⑤出す ⑥土・水 ⑦花

考え方

1 ①「見」と「目」、④「虫」と「中」のように、形の似ている漢字に注意して読みましょう。
②「一日」はここでは日づけなので、「いちにち」とよんではいけません。

2 ⑥「土」は上の横棒の方が下の横棒よりも短いことに注意しましょう。「士」と書くと、ちがう字になってしまいます。

29. きほんのドリル 47～48ページ

1 ①あお ②そら ③め ④もく
2 ①青空 ②青 ③空 ④空 ⑤木目 ⑥目

30. きほんのドリル 49～50ページ

1 ①ひゃくにち ②みみ ③おと ④おん
2 ①百人 ②百 ③耳 ④音 ⑤音 ⑥音

31. きほんのドリル 51〜52ページ

1 ①た ②りつ ③にねん ④とし ⑤ち

2 ①立 ②立 ③年 ④年 ⑤千 ⑥千

32. きほんのドリル 53〜54ページ

1 ①ちから ②りょく ③てん ④あま

2 ①火力 ②人力 ③力 ④天 ⑤天 ⑥天

33. きほんのドリル 55〜56ページ

1 ①なか ②くうちゅう ③き ④け ⑤ちい

2 ①中 ②中 ③水気 ④気 ⑤小山 ⑥小

34. まとめのドリル 57〜58ページ

1 ①おん・みみ ②あおぞら ③もく・た ④ちから・せいねん ⑤あま ⑥おがわ ⑦くうちゅう

2 ①天気 ②百年・立 ③一年中 ④千 ⑤空く ⑥青い・目 ⑦小さい・音

考え方

1 ⑥「小山」は「こやま」ですが、「小川」は「おがわ」と読みます。「小」の読み方に注意しましょう。
⑦「中」は「ちゅう」と読みますが、にごってよむときは「ぢゅう」ではなく、「じゅう」になることに注意しましょう。

2 ④「千」の一画目は左はらいです。まっすぐに書くと「干」というちがう字になります。

35. きほんのドリル 59〜60ページ

1 ①ほんじつ ②たけ ③ちく ④いと

2 ①本気 ②本 ③竹 ④竹 ⑤一糸 ⑥糸

36. きほんのドリル 61〜62ページ

1 ①ひだりて ②みぎて ③う ④い

2 ①左 ②左右 ③右 ④生 ⑤一生 ⑥生

37. きほんのドリル 63〜64ページ

1 ①せんせい ②さき ③やす ④きゅう

2 ①先生 ②先 ③先 ④休日 ⑤休 ⑥休

38. きほんのドリル 65〜66ページ

1 ①あか ②あか ③はやし ④りん

2 ①赤 ②赤 ③赤 ④林 ⑤山林 ⑥林

39. きほんのドリル 67〜68ページ

1 ①ゆうひ ②あめ ③あまおと ④う

2 ①夕 ②夕 ③夕日 ④雨 ⑤雨天 ⑥雨

40. ふゆやすみのホームテスト 69〜70ページ

☆1 ①ひだり・たけ ②さき ③いっしょう・いと

☆2 ①休 ②林・赤 ③右手・本

☆3 ①あ虫 い中 ②あ日 い目 ③あ百 い白

☆4 ①年 ②先 ③人 ④天

おうちの方へ

二学期の漢字の復習です。テスト形式で自分の今の実力を確かめ、忘れている漢字や、まちがえて覚えている漢字を、見直しておきましょう。

考え方

☆1 ③「生」は読み方の多い漢字です。注意しましょう。

☆2 ③「本」は形の似た「木」と区別しましょう。

☆4 ②「先生」・④「天気」のように、よく使われる漢字の組み合わせは、意味とともに覚えておくようにしましょう。

41. きほんのドリル 71〜72ページ

1 ①おとこ ②おんな ③ひゃくえん ④まる

2 ①男子 ②男 ③女子 ④女 ⑤円 ⑥円

42 きほんのドリル 73〜74ページ

❶ ①がっこう ②まな ③こう ④くさばな
❷ ①大学 ②学 ③校 ④校 ⑤草木 ⑥草

43 きほんのドリル 75〜76ページ

❶ ①たま ②ぎょく ③むら ④さんそん
❷ ①玉 ②玉 ③水玉 ④村 ⑤村 ⑥村人

44 きほんのドリル 77〜78ページ

❶ ①はい ②いし ③せき ④いぬ
❷ ①入学 ②入 ③石 ④石 ⑤犬 ⑥犬

45 きほんのドリル 79〜80ページ

❶ ①おう ②まち ③ちょうそん ④もり
❷ ①王 ②大王 ③町 ④町 ⑤森林 ⑥森

46 きほんのドリル 81〜82ページ

❶ ①かい ②あし ③ふたり ④ひとり
❷ ①貝 ②貝 ③貝 ④足 ⑤足 ⑥足音

47 学年まつのホームテスト 83〜84ページ

☆1 ①ひとり・ふたり ②がっこう
③おんな(の)こ・かい
☆2 ①小石 ②町・村 ③犬・男子
☆3 ①王 ②玉
☆4 ①入れる ②円い ③足りる ④学ぶ
☆5 ①犬 ②森 ③女 ④草

おうちの方へ

これで一年の漢字の学習は終わりです。一年生で学習する漢字は80字ですが、二年生で学習する漢字は160字と、二倍になります。今のうちに一年生の一年間で習った漢字をしっかり見直し、二年生の学習に備えましょう。

考え方

☆1 ③「女子」は、間に「の」が入ると読み方が変わることに注意しましょう。
☆2 ①「石」は形の似た「右」と区別しましょう。書き順も「石」と「右」とで変わるので、注意が必要です。
☆3 点がつくことによって別の漢字になるものもあります。「大」「犬」「太」や「水」「氷」のように、セットで覚えておきましょう。
☆4 送りがなのある漢字は、どこまでが漢字でどこからが送りがななのかを確実に覚えるようにしましょう。
☆5 よく出てくる熟語の漢字は、セットで覚えておきましょう。